目次

生活指導 2018 2|3月号 No.736

LOGOS

「指導」という言葉は「暴力」という言葉に変わることがある

大阪市立大空小学校
初代校長
木村 泰子

大空小の九年間で一番困り感を持っていた子どもが教えてくれた言葉である。

子どもの貧困・発達障害・親の虐待・教師の体罰、現在社会のなかで生きる子どもが持つ困り感を彼は一人ですべて抱えていた。夏休みのある日、彼は職員室に来て、「先生、オレな、水だけで三日間がまんできるけど四日目がまんできんようになってコンビニでおにぎり一つとって食べてしもてん」と言った。私たち教職員はこのことを知っていた。それは、地域の人から教えてもらっていた。彼が血相を変えてコンビニに走りこんだ姿を見て、気になったので様子を見ていたら、飛び出してきてコンビニの横の路地でポケットから出したおにぎりを必死で食べていたというのだ。その地域の人は、だれにも見つからないようにと路地の前に知らないふりをしながら立って、彼を隠していたと私たちに伝えた。職員室にはほとんどの教職員がいて、この話を聞いた。この時の先生たちの胸のうちには誰しも「指導」という言葉が浮かんだ。ところが、この地域の人は「彼に万引きをさせないためにするだろうか。どうすれば彼に万引きをさせないですむだろうか」と先生たちに問いかけたのだ。「どれだけ貧困でも食べるものがなくても万引きは悪いことだからやめろ。次、同じことをしたら警察に行かなあかん」。こんな指導は先生という看板を持った私たちには、朝飯前のことである。「指導」を守り、食べるものがなく一人で倒れている彼の姿をその時の先生たちは誰か想像したであろうか。彼は地域の人の愛に育まれ地域の小学校を卒業した。地域の中学校に行く予定だったのが、家庭の都合で突然誰も知らない他の地域の中学校に通うことになった。一年生の一学期に彼は生活指導の先生から体罰を受けた。一年生が全員集まっている体育館で

LOGOS

●………… 教育を考える言葉 …………●

木村　泰子（きむら・やすこ）

大阪市立大空小学校初代校長。大阪市出身。武庫川学院女子教育学部短期大学保健体育学科（現武庫川女子大学短期大学部健康・スポーツ学科）卒業。「みんながつくる みんなの学校」を合い言葉に、すべての子どもを多方面から見つめ、全教職員のチーム力で「すべての子どもの学習権を保障する学校をつくる」ことに情熱を注ぐ。学校を外に開き、教職員と子どもとともに地域の人々の協力を経て学校運営にあたるほか、特別な支援を必要とされる子どもも同じ教室でともに学び、育ち合う教育を具現化した。2015年春、45年間の教職歴をもって退職。現在は全国各地で講演活動、取材対応などで多忙な日々。

2015年9月16日　学び合いと育ち合いを見届けた3290日の軌跡がつづられた『「みんなの学校」が教えてくれたこと』を刊行。小学館2015年度東京都女性活躍推進大賞を受賞。

2016年7月25日　『「みんなの学校」流自ら学ぶ子の育て方』を刊行。（小学館）

2016年8月10日　『21世紀を生きる力』を刊行。（出口汪共著、水王舎）

のことだった。生活指導の先生が体育館シューズを履いていないことを注意した。彼は持っていない。それから、彼の靴下を見て「靴下は白に決まっている。校則違反だから脱いではだしになれ」と指導した。彼は、これは白です（洗濯は彼がするので白が黒っぽい斑点模様になっている）と答えたが、これが白に見えるのか、うそをつくなと強い口調で指導した。指導に従わない彼にいら立った先生は座っている彼の体操服の襟元を持ち、出て来いと強い力で引きずった。体育館の中央あたりまで引きずられた彼は首が締まり意識をなくした。白の靴下をはいていた彼が受けた「指導」という名のもとの「暴力」である。これまで一日も休まずに登校していた彼は、体罰を受けた次の日から登校しなくなった。ケース会議を持ち、彼を施設で育てることにした。

彼が施設で中学三年生になったある日、私は彼に呼ばれ、体罰を受けた次の日から彼は学校に行ったらあかんと決めたけど、これって間違ってたかなという疑問をぶつけられた。生活指導の先生が彼の体操服をつかんで引っ張り出そうとしているときに、大好きな担任の先生が横にいてくれた。担任が止めてくれると思ったが、何も言ってくれなかったと言い、この後に彼はこう続けた。

「担任は若いねん。生活指導はエライ先生やねん。きっと、やめてやってとは言えなかったと思う。担任はオレの顔見たら苦しいやろうから、オレは学校に行ったらあかんなと思ってん」。体罰をした先生を恨むわけでも、自分がつらいからでもなく、自分を支えてくれていた若い担任を思う一心で姿を見せなくなった彼である。

「生活指導」の目的は子どもが幸せになることである。「指導」は「暴力」に変わることを常に問い続ける学校であってほしいと願うばかりである。

全国生活指導研究協議会・指標

一　わたしたちは、生活指導の実践と研究を充実・発展させることによって、平和と民主主義を築く国民・市民の形成に努めます。

二　わたしたちは、一人一人の子どもを具体的な生活者ととらえます。そして、子どもたちが自己の環境との能動的なとりくみを通して自主的な学習をすすめ自治的・文化的な活動を発展させ、人間としての権利を尊び科学的真実を愛し民主的社会の成員としての諸能力を備えた人間に成長することを追求します。

三　わたしたちは、生活指導の実践と理論の探求をとおして、教科指導と教科外指導を相互に充実・発展させるとともに、子どもの権利と国際平和の確立につながる学校教育の実現に努めます。

四　わたしたちは、生活指導の原理の確立によって、国民・市民のための道徳教育の正しいありかたを明らかにし、国家主義的、反動的ないしは観念的な道徳教育の打破と克服に努めます。

五　わたしたちは、生活指導の実践と研究をとおして、教職員、保護者、地域の人々との共同を深めることによって、未来の社会と教育を切り開く生活指導運動を推進します。

全生研の会員になりませんか

全生研会員は、年会費3000円です。会員には会員通信が送付されます。
また随時いろいろな学習会や講演会への案内が届きます。

申し込み・お問い合わせ先

笠原　昭男（かさはら　あきお）
TEL　0480-25-0907
住所　〒346-0014 久喜市吉羽3-7-20
Eメール　Liver54-moe.akio@nifty.com

詳細は全生研ホームページをご覧ください。（http://zenseiken.web.fc2.com/）

【特 集】

〈権利行使の主体としての子ども〉が育つ学校へ

この夏に開催された福島大会のテーマは「福島につどい、子どものしあわせと教育の課題について考えよう」でした。東日本大震災と東京電力福島第1原発「事故」の発生から6年が過ぎたいまも、福島は以前の平穏な生活とはほど遠い現実にあります。そればかりか、政府と東京電力は、被災者にたいして「帰還」か「自主避難」かの選択を押しつけることで、この重大な問題を被災者の「自己責任」に帰そうとしています。その結果、地域コミュニティの解体や家族が離れて暮らさざるをえないような状況が続いているのです。

子どもとその保護者、地域住民が生きている現実とどう向き合い、ともに人間らしく、しあわせに生きる権利をどう体現していくのか。福島大会基調は、応答する主権者を育む教育の必要性を強調しています。みずからのしあわせに生きる権利を主体的に行使できる子どもたちを育てよう、ということです。これは、福島の学校にかぎらず、子どもが権利を行使することを軽視、あるいは敵視する日本の学校を変えていこう、という呼びかけです。このおおきな課題に集団づくりはどう挑もうとしているのか――こうした問題意識から4つの実践記録を掲載しました。基調との対話とあわせてお読みください。

（編集委員会　照本 祥敬）

みんなにとって大せつじゃないのかな
～広がるかかわり・深まる理解～

◉宮崎県・小学校……青島 一郎

みんなが楽しいクラスを一歩ずつつくろうと取り組んだ実践報告である。拓・健太の二名の視点を中心に実践を記録している。中山間地域に位置する幼・小・中一貫校。人数は一〇〇名ほど。男子一〇名、女子六名、計一六名の一学年一学級、それぞれ個性豊かで、元気な二年生の子どもたちである。

1 配慮されている？ 優しさ？ 気になる拓の存在

父、母、六年の姉と四人家族。拓は、身長が小さく、体力がない。男子は一〇名中八名が少年野球チームに所属し、週二回練習している。拓は、野球チームに所属していない。戦隊シリーズが大好きである。母親からは、「いつも一緒にいた仲の良い子が転校してしまい、心配です……」、父親からは、「みんなからかわいがられているけど、もう少し強く、たくましくなってほしい……」という相談を家庭訪問で受けていた。四月の始め、昼休み、拓は、後ろから一年生や新太・竜太などと一緒について回っていた。会話はなし。置いていかれては追いつき、声はかけられず……。それでも、自分から進んで遊びに参加しにいく、うまくいかなくても何度も突入していく姿を見て、諦めない根性が据わっている心の強さを感じた。

六月一七日、この日は週に一度の「みんなで遊ぶ日」であった。昼休みに行う。係の一輝が、給食の時間に司会をし、ルールやチーム分けなどを話し合って決めた。王様ドッジボールに決まり、話し合いが終わった後のこと。

竜太「ハンデやね。女の子には、優しく投げるやね」
健太「違うよ。拓くんと女の子には、ハンデや。優しく投げるやね」
竜太「そっか。拓くんと女の子たちにはハンデやね」

勇志・太郎「そうだね。ハンデやね。優しく投げんとね」

健太や竜太を中心に、勝手なルールができあがっていくこと、誰も反対意見を述べない（言えない）ところ、そして、健太や竜太の発言に賛成意見の声が大きくなっていくことに違和感を覚えた。それは優しさなのか？と思った。

私「ちょっと待って。話し合いが終わっているのに、勝手に決めるのはおかしくない？ 何のために話し合いをしたのか、わからんじゃない。もう一度、話し合いが必要だと思う」

（改めて話し合いの場を設定）

健太「拓くんと女の子には、優しく投げたほうがいいと思います。怖いし、痛いと思うから」

私「拓くん、女の子のみんな、どうですか。どう思いますか」

しばらく沈黙が続く。そこで、一人ずつ意見を聞いていくと、千草が「優しく投げてほしい」と答えた。由紀は「私は、優しくしなくていい」と言った。拓は「優しく投げてほしい」と言うことができた。私は、「勝手にルールを決めるのではなく、一輝が司会をしているのだから、そのなかで決めていきましょう」と話し合いをまとめていった。その後、王様ドッジボールは、みんな楽しく遊んでいるようであった。拓は、最後まで逃げられたことがうれしかったのか、「最後まで逃げられたんですよ〜」と何度もうれしそうに、いろんな先生へ話しかけていた。

七月に入ると、拓は、由紀や千草と一緒にごっこ遊びをするようになっていった。男の子たちは、三年生以上の男子と一緒にドッジボールをしており、拓はそのなかに入れない。怖いようであった。拓がより安心して、生き生きと楽しみながら遊ぶ機会をたくさんつくっていきたいと感じた。

2 少しずれた正義感を発揮していた健太

健太は、母と健太の二人家族。家庭訪問では、母親の横にべったり引っついていた。野球が大好き。運動能力、学力ともに非常に高い。引き継ぎでは、健太の様子や発言を周りの男の子たちが気にしていて、健太の行動に流されていく、影響力が強いということであった。しばらくかかわっていくと、健太がわがままをいうことで、周りがついていくというよりは、健太のなかにある、ルールを守ることの大切さ、少しずれた正義感がきつい言葉になって表現されていく、周りはそれに流されてしまうというように感じていた。その裏で垣間見えるいたずらや、やんちゃな部分を感じる。四月中旬、おかわりじゃんけんでは、わざと後出しをしておかわりをゲットする。そんな姿を見せているときに、見て見ぬふりをしているのか、気づいていないのか、健太に注意・指摘するものはいなかった。おかわりじゃんけんの後出しが三回続いたとき、「後出ししてるじゃん、ずるくない?」と私からみんなが見ている前で注意をした。シーンとなり、健太は何も言わずに固まってしまった。誰か健太に対して注意したり、「ずる〜い」と言ったりする人もいなかった。健太は気まずそうに食事に戻った。私は、それ以上声をかけなかった。健太も注意・指摘される関係になるとよいなと感じた。

健太は、班長に立候補し、週目標の取り組みの中心を担うようになっていった。健太は、良くも悪くも週目標の取り組みを通して、周りの子どもたちを引っ張る姿が見られていた。引っ張るというよりは、よく注意するという言葉が正しいのかもしれない。例えば、四月に「給食をちょうどよい時間で残さず食べる」という週目標では、同じ班の友美（苦手な食べ物が多く、時間に間に合わないことが多い）に対して「友美さんが食べないと◎にならんやろ! 食べて!」と、大きな声を出して注意をすることがあった。「声をかけること、注意することは大切だけど、その結果、誰かが嫌な思いをするのは違うと先生は思うな。みんなで考えてつくった学級の目標は、【みんなが楽しく生活】だったよね? できなかったことじゃなく、できたことを見つけて、紹介していこう。できなかったことは、励ましながら少しずつ良くなればいいんじゃないかな」と、健太を含めた全員に、あるいは班長会のなかで、語りながら活動を続けた。

3 健太に変化の兆し

一輝が転校することになった。一学期までは通うことができるが、二学期からは新しい学校に行くことになった。七月四日、七月班長の竜太、浩美、太郎、健太と一緒に「一学期がんばった会・お別れ会」に向けた話し合いを行った。私が、班長たちに質問しながら、その言葉をもとに原案を作成していった。クラスの良い所は、竜太が「みんな協力できる」、健太は「目標に向かって取り組んでいる」、クラスの課題は、健太が「言葉かけが厳しい、友だちに優しくない」と発言した。特に、健太は、よくクラスのことを見て、感じている、そう思った。自分自身の課題も含んでいるということだった。「良い所はもっと良く、課題は少しでも良くなるように、そして、みんなと一輝の思い出になる会にしていきたいね」と伝えた。各班の出し物やプログラム作成などの準備を行っていった。

七月一九日、「一学期がんばった会・お別れ会」の日である。会が始まり、順調に進んでいた時、トラブルが起こる。ペットボトル相撲で遊んでいる時、凛と雛がもめていた。五回戦行ったら、相手を代えるというルールだったが、互いが思っていた回数がずれてしまい、雛が「もう終わったが!」と大きな声を出して怒っている、凛が「まだやが。最後までやりたい」と泣いてしまっていた。すると、通りかかった健太が立ち止まり、話をじっくり聞いていた。驚く私。そして、聞き終わった後に、「雛さん、もう一回やんない! やればいいが! やんない!」と声をかけた。雛は、「もう一度やろう」と気持ちを切り替え、凛も泣きやみ、すぐに笑みへ変わった。また、終わりの挨拶をした健太は、みんなに向かって「一学期がんばった会・お別れ会はどうでしたか? 楽しかったですか?」とみんなの気持ちを聞こうと質問を投げかけていた。会のめあての確認をしたとのことであった。この行動を、班長会のなかで、また、全体で、私が取り上げていった。「よく聞いていたね。そして、言葉かけをしていたね」ということを伝えると、少し照れくさそうであった。相手の想いを汲み取りながら、引っ張っていけるリーダーに、一歩成長したのではないかと実感した出来事であった。一輝の作文には、「みんながうれしそうにしていて、うれしかった」と書かれていた。

4 悔しい思いを内に秘める健太と拓

本校の運動会は、幼・小・中合同で実施する。学級内で赤団と白団に分かれることになっている。そのため、学級のなかで勝ちと負けがはっきりと出てくる状況であった。私は、おそらく勝ち負けで互いに攻撃しあうかたちでトラブルが発生するものと予想していた。「運動会は、勝ち負けがはっきりする。勝ち負けの結果だけでなく、それまでの練習を大切にしていけるといいね。」と子どもたちには話していった。班長会を開き、運動会の目標を話し合った。班長は、健太・剛・由紀・綾の四名であった。「元気に声を出す」「言葉づかいに気をつける」「体力をつける」の三つの提案が出された。健太の提案は、「言葉づかいに気をつける」であった。一学期の自分の課題、クラスの課題を自分で忘れずにいるところに感心させられた。班長が声をかけながら、団ごとに応援練習をしたり、リレーや団技の順番を決める話し合いをしたりしながら、リーダーとして動いていた。健太と剛は学校リレーの代表選手に選ばれていた。健太は赤、剛は白である。健太はダントツで短距離が速く、学校リレーでは練習からぐんぐんと剛を引き離していた。しかし、一・二年リレーでは、毎回、健太のいる赤団がかなりの差をつけられて負けていた。健太以外、短距離走が速い子は白団に固まっていたこともあったし、赤団には拓がいることも大きかった。拓が走ると、引き離されてしまい、負けてしまうのであった。そんな状況であったが、健太は文句の一つも言わずに練習の時から誰よりも、「いけ～！」「がんばれ～！」と叫びながら応援し、どんなに離れていても毎回全力で走る姿があった。

九月一三日、運動会総予行が行われた。放課後のこと。職員室で話題にのぼがったのは、拓の走りであった。一年生の時に担任をしていた亜美先生は、「拓さんががんばっている分、あれだけ差を離されるのをお父さんやお母さんに見せてしまうのは……。リレーの順番を変えたらどうか」。三年生担任の真子先生からも同様の話があがった。拓は、八月から陸上を習いはじめていた。少しずつ走りが上達していることは誰もが認めているところであった。だからこそ、自信をもたせたい、保護者に対しても配慮が必要だという考えであったし、納得のいくものであった。しかし、私は即答できず、考え込んでしまった。それは、子どもたちが、リーダーを中心に作戦を練って話し合い、順番を決めていたからであった。拓のことを配慮した走順となれば、それぞれで作戦を考えてきたこれまでの話し合いが無駄になるのではないか、そんな気がしたからであった。

次の日、迷っていた私は、今の状況を班長の健太・剛・由紀・綾の四名に相談した。健太は、即座に「順番を変えたい。変えたほうがいい。今は負けているし。悔しいし、なんとかしたい」と言う。今まで不満をみんなの前で漏らしていなかった健太は、班長会のなかで初めて不満をぶつけてきた。私が、「今まで、全然そんなこと言わんかったやん。がまんしていたんやね。」というと、うんうんとうなずいている。「結局、拓のことを考えてリレー順番決めをするなら、今、班長しかいないから、四人で赤・白の走順を足の遅い人から順番に並べて、この場所で決めてみんなに見せることになるんだけど、問題は二つ。一つ目は、拓にこのことを伝えるかどうか。もう一つ、みんなに知らせるかどうか。先生は、迷っているけど、拓には言ったほうがいい気がするんよ。そのうえで、リレーの順番を決める。みんなには、このことを言わなくてもいいんじゃないかなと思うんだけど。どうかな?」剛や由紀から「拓には言ったほうがいい気がする。ちゃんと言ったほうがいいと思います」と言われ、うんうんとうなずく私。綾や健太も納得しているようであった。すぐに、拓と一対一で事情を伝えた。拓は、「嫌です。変えたくない」と言ってきた。意外であった。理由は話さなかった。自分だけ特別扱いをされているようで、嫌だと感じたのだろうか。それでも、私は、これまでの経緯をていねいに説明し、説得した。その後、班長と一緒にリレーの順番を話し合い、全体に提案し、リレーの順番を変えた。実際に走ってみると、結果は変わらなかったが、はっきりと差は生まれなかった。先生方からは、「あんまり差が生まれていなかった。良かったと思うよ」という話になった。班長会でも、みんな納得していて、変えて良かったというまとめになった。でも、これで本当に良かったのだろうか。拓に決定させたほうが良かったのではないか。いずれにしても、決断に迷う出来事であった。

5 拓の怒り ～太郎をかばう拓の言葉～

一〇月三一日、体育の時間、太郎が泣いている。体育館入り口で勇志とぶつかったことが原因だが、伏線があった。前日に、図書室で本を読んでいた時に、勇志と竜太が「これ、太郎さんに似てない。太郎さんや」と生き物図鑑を見て笑いながら話をしていて、それがとても嫌で、がまんしていたということであった。ずっと引きずっていたのである。太郎は、コミュニケーションがうまくいかないことがあった。言葉の教室に通い、週一回、語彙力を高めるトレーニングを行っている。私からみんなに、「太郎さんはどうして泣いたのかな？」さっきぶつかったこと以外にも理由があるようだよ」と聞くと、拓がすかさず手を挙げて「太郎さんが、この前、図書室で嫌なこと言われていました。ぼくも嫌な気持ちになりました」と発言。拓は、その後も「先生、本当に腹が立ちました。やめてほしかった」と話をした。太郎に涙の意味はあっているかどうかを聞くと、うなずいていた。拓ががまんできず怒ったように話をする姿に驚かされた私たち。勇志と竜太は、その場で自分たちがしたことを認め、謝り、太郎は納得していたようであった。その後、太郎は笑顔で体育を学習していた。拓の成長を実感した出来事であった。

6 広がるかかわり、深まる理解

これまで係活動には、当番的な活動も含まれていた。より楽しい時間を、かかわりをつくりたいと考え、三学期からは、当番活動（黒板消しや窓開けなど）と係活動を明確に分けた。当番活動は、班で分担し、声をかけ合いながら取り組むかたちにした。そして、係活動は「マンガ・イラスト」「ダンス」「ゲーム・あそび」「クイズ」に分かれて行うことになった。友美・健太・

竜太・太郎の四名は「マンガ・イラスト」係になった。はじめのうちは、みんなで活動をしていたが、一週間もすると、男子三名は、外で遊ぶことに夢中になり、イラストの活動をすっかり忘れていった。友美は「もう、忘れている！」と怒りながら声をかけ、イラストに取り組んだ。「ダンス」係になった綾・由紀・雛・凛の女子四名は、「恋ダンス」「ＰＰＡＰ」の踊りを練習し、帰りの会で披露していった。はじめはダンスを披露する場だったが、回数を重ねるにつれて、なぜかみんな立ち始め、ダンス係が踊る様子を見ながら、一緒に踊るようになっていった。二月、私の誕生日には、「ＰＰＡＰ」をみんなで踊った後に、「お誕生日おめでとうございま～す」と、まったくつながりのない流れでお祝いされ、思わず笑ってしまった。「クイズ」係も熱心に取り組んだ。帰りの会でクイズを出すために、休み時間からクイズの本を読み合っている姿が見られている。三学期には、自分たちでオリジナルクイズを考えるようになっていった。拓・千草・勇志・浩美がメンバーである。それぞれの係のなかで、あるいはみんなで活動しながら、楽しいかかわりの輪が広がっていった。

体育の学習（学校の取り組み）では、長縄・短縄を行った。長縄では、拓がなかなか入れなかった。うまく入れないことを知っていた周りの子たちは、アドバイスを拓に送っていく。健太は「縄の真ん中を入っていくんだよ。」とていねいに教え、竜太は「大丈夫！ 引っかかっても大丈夫！」と励ましている。自然と声かけが生まれていた。一方、短縄では、拓が大きな成長を見せていた。昨年度は、前跳び（一回旋一跳躍）をまったく跳ぶことができなかったようだが、今年は跳ぶことができるようになっていた。その事実を知っていた子どもたちは、拓が跳べるようになったことを喜んでいた。生活科で、できるようになったこと、がんばってきたことを発表する学習に取り組んだ際に、拓は短縄を選び、披露した。跳べるようになった様子に、子どもたちは大きな拍手を送った。健太は、運動が得意だが、短縄は苦手のようで、少し苦戦していた。予想外に、太郎が上手に縄を回し、二重跳びを何度も跳んでいた。太郎は、家でもかなり練習しているようであった。太郎の跳んでいる姿を見ながら、練習する健太。何でもできていた健太が、めげることなくできないことにチャレンジし、できないことが多い太郎が得意気に短縄を披露する。どこか不思議な光景であった。

7 みんなにとって大せつじゃないのかな

二月一七日、道徳の学習にて「森のけいじばん～みんなが使う物～」という資料を使って学習を行った。

〈資料のあらすじ〉

誕生日プレゼントに自転車を買ってもらう「さるた」。うれしくて森のけいじ板に【たんじょう日にじてん車をかってもらうよ！さるた】と、書いてしまう。けいじ板は、みんなへのお知らせを書く大切な場所である。けいじ板の内容は、森の住人にすぐに広まっていく。そして、お母さんやお父さんの耳にも入ってくる。「さるた、プレゼントのことは、みんなにとって大切なことではないよね。けいじ板は、みんなにお知らせしたい大切なことを書く場所なんだよ」。そのことを知らなかったさるたは、反省し、けいじ板を消しに行く。けいじ板に続く道を、月が明るく照らしていた。

指導書には、「約束やきまりを守ることの大切さを学ぶ」と書かれていた。この内容に違和感をもちながら、子どもたちに三つの発問を投げかけた。

①森のけいじ板に書いた時のさるたの気もちを考えよう。

●みんなにじまんしよう。

●みんなおいわいしてくれるかな。

②お父さんやお母さんの話を聞いた「さるた」は、どんなことを考えましたか。

●ごめんなさい。

●知らなくてもよいことだった。

●けしてこよう。

●みんなにとって大せつじゃないのかな。ぼくのプレゼントは。（健太）

③森のけいじ板に書かれていることを見た「まわりの人」は、どんな気もちになったかを考えよう。

●きっとうれしかったんだろうな。さるたくん、よかったね。けれど、書かなくてもよいことだよね。へんだな。

●どうしてけいじばんに書かれているのかな。おうちの人になんてつたえようかな。（拓）

二つ目の発問がポイントだと考えていた。予想どおり多くの子どもたちが反省の言葉を書いていた。そのなかで、健太の発言は、みんなを驚かせた。そして、「みんなで使う物を大切にしましょう」ということだけではなく、さるたの想いに寄り添おうとする意見がたくさん出されるようになった。健太が考えたことは、私がまさしく感じていた違和感と同じであった。一学期の健太、ルールを守ろうと大声で注意していた一学期の健太と比べ、大きな成長を実感した瞬間であった。

◎――コメント

青島実践に学んだこと、考えたこと

◉東京都・特別支援学校……小室 友紀子

本実践は、今年の8月に福島で開催された全国大会の小学校低学年の分科会にて報告され、全国から集まった参加者とともにていねいな分析がなされたものである。福島大会で集団的に学んだことをもとに、青島実践からあらためて私が学んだこと、考えたことを書いていきたい。

1 子ども・子ども集団の課題をつかむ

青島さんは子どもと子ども集団をよく見、その良さと課題点を的確につかんでいる。拓についていては、体力がなく、友だちに声をかけられず「ついて回る」姿を見る一方で、「自分から進んで遊びに参加」し、「何度も突入していく姿」から拓の「心の強さ」をとらえている。

学力・運動能力ともに高く、まわりの友だちへの影響力が強い健太には、家庭訪問で「母親の横にべったり引っついている姿を心に留めながら、「少しずれた正義感」という言葉で健太のなかの過剰適応傾向をとらえている。その健太に「流されてしまう」学級の友だち。ここここそ、一番の学級の課題であろう。青島さんは一人ひとりの課題と学級の課題をつかんで、「みんなが楽しいクラスを一歩ずつつくろう」と民主的な学級集団づくり実践に取り組んでいく。

2 具体的な生活場面に即して

「おかわりじゃんけん」の場面では、「後出し」しておかわりを手に入れる健太とそれを注意・指摘するものがいない学級に「後出ししてるじゃん、ずるくない?」とみんなの前で健太を注意する。「おかしい、と思うことにはおかしいと声を挙げてよい」ということを青島さんは示した。

また、週目標達成のため、友美にきつく迫る健太に対して、声かけや注意する気持ちを汲んだうえで「その結果として誰かが嫌な思いをするのは違うと先生は思う」と学級目標を振り返らせ、「できたことを見つけて、紹介」することや「できなかったことは、励ましながら少しずつ良くなればいい」ことを学級や、班長会のなかで伝えている。

「王様ドッジボール」の話し合いの場面では、「話し合いが終わっているのに勝手に決めるのはおかしくない？」と指摘し、当事者（女の子や拓）の意見を聞きながら、話し合いで決定していく民主的な決め方について指導している。青島さんは「なにに対して喜び、なにに対して怒り、悲しむべきか」を子どもたちの生活現実に即して伝え、積極的に働きかけている。運動会に取り組むにあたっての青島さんの「勝ち負けの結果だけでなく、それまでの練習を大切にしていけるといい」という子どもたちへの語りかけはこの学級ではなにを大事にするか、を明確に示している。子どもたちは青島さんの姿や言葉、評価を受け止め、自分のこれまでの「ものの見方、感じ方、考え方、行動のしかた」を見つめなおすこととなったのではないだろうか。

3 行為・行動を決めるもの

健太は、青島さんが大事にしていること、求められていることを真正面で受け止め、大きく変容している。「一学期がんばった会・お別れ会」時、凛と雛のトラブルに遭遇し、健太は「立ち止まり、話をじっくりと聞」き、雛を促し「みんなが楽し」く取り組めるように声をかけている。終わりの挨拶では「どうでしたか？ 楽しかったですか？」とみんなの気持ちを聞こうとしている。それは健太も含めた班長会で原案を作成し、会のめあてを明確に立てているからこそできた。「相手の思いを汲み取りながら引っ張っていけるリーダー」に成長していると青島さんも実感している。

その一方で、運動会のリレーの時の健太と拓、子どもたちの姿が気にかかる。

リレーで健太と拓がいる赤団は白団にかなりの差をつけられて毎回負けている。同僚からのアドバイスもあり、リレーの順番を変えるか悩む青島さん。その理由は「子どもたちが、リーダーを中心に作戦を練って話し合い、順番を決めていた」からで、走順を変えることは、「これまでの話し合いが無駄になるのではないか」ということだった。

走順を変えることを青島さんが班長会にもちかけると、健太は「即座に『順番を変えたい。変えたほうがいい。今は負けているし。悔しいし、なんとかしたい』」と自分の素直な気持ちをぶつけてくる。みんなで最初、決めたことをどのような状況になってもそのまま続けていくことが良いのではなく、むしろ、みんなで決めて、実際やってみて、自分たちにとって不都合なことがあった場合は、またみんなの思いをぶつけながら考え、新たな決定を導き出し、またやってみることのほうが重要である。なにがよりよいのかはやってみなければわからないことは多い。より良きものに向かってみんなで取り組む。その過程そのものが大事であり、一度決めたことも現状とみんなの思いを踏まえて「つくり変えることができる」ということを学ぶことができた。

気になるのは、そのような「不満」を出さなかった健太のことである。健太は今まで、自分の思いをそのまま素直に表してきたが、青島さんと出会って、自分で自分の言動をみつめるまなざしをもったのだと考える。だからこの場面でも青島さんの心の内を自分なりにとらえ、「言わない」行動を選んだのではないだろうか。もともと健太の過剰適応傾向を青島さんはつかんでいた。担任の意図を自分なりに先読みしてその価値に照らして「良い行為・行動」として、自分の不満も押し殺して表さなかった、ということも考えられる。それは健太の「後出しじゃんけん」に対して何も発さなかった周りの友だちと同じであるといえないだろうか。

さらに気になるのは、「不満は健太からしか出なかったのか」ということである。かなりの大差で負け続ける赤団の子どもたちは走順に対してなんらかの思いをもっていたのではないだろうか。そう考えると、学級は子どもたちの本音を出せる場になっているか、と問い返す必要がでてくる。また、赤団の大差の負けの理由を「拓の足の遅さ」だけでとらえてはいないだろうか、ということも気になる。

4 学校だからこそできる活動を

多様な活動を組織することは、子どもたち一人ひとりの多様な姿を引き出し、子ども同士の関係性の組み替えがなされる。「より楽しい時間を、かかわりをつくりたい」と考えて取り組んだ係活動。子どもたちがやりたいことを仲間とともに思う存分取り組み、楽しみ、自分たちでその活動を広げていく。それは「今、学校だからこそできること」ではないだろうか。目をキラキラ輝かせて次々活動を考えていく子どもたちと一緒にいることはとても楽しい。そのなかだからこそ、ぶつかりあいが生まれ、ルールがつくられ、子どもたちの関係性の組み替えが多様になされていく。給食時、「目標達成できない」と健太にきつく注意されていた友美が、「マンガ・イラスト係」班では、「もう、忘れてる！」と男子三名に怒りながら声をかける頼もしい姿をみせている。

係活動だけでなく、体育の時間の長縄・短縄の活動も同様である。短縄で大きな成長を見せた拓。できることが増え、本来もっていた拓の強さが現れてきている。リレーの走順を変える時の拒否や太郎に対するからかいに対して激しく抗議した姿。拓は青島学級でそのあたたかなまなざしを受けながら大きく成長している。

さらに、時にからかいの対象となっていた「できないことが多い」太郎は短縄を上手に跳び、「何でもできていた」健太が太郎の跳んでいる姿を見ながら短縄の練習をする。学校の求める「学校的尺度」だけで測られたら「できないこと」だらけの子どもも、「学校的尺度」を抜け出したところではものすごい輝きを見せたりする。教員こそ学び続けることで、自分の「ものの見方、感じ方、考え方、行動のしかた」を常に捉えなおさなくてはならない。教員の独善や狭いものの見方で判断し、ラベルを貼ってしまうことほど子どもたちに対する人権侵害はないだろう。

終わりに、紙面の関係上、「道徳の学習」については書くことができなかった。そこにかかわって、青島実践では「違和感」という言葉が数か所出てくる。私はこの青島さんの「違和感」がとても大事なものだと考える。「違和感」を感じるのは、そこに「人間が人間であることの尊厳」を脅かすものが潜んでいるからではないだろうか。

初任校で「小室さんの感性を大事にしたほうが良い」と言われた。私は青島さんに同じことを伝えたい。青島さんの教員としての、人間としてのみずみずしい感性は、学び続けることでさらに磨かれていくだろう。また、一緒に学びあいたい。

なにもしない幸太からのスタート

◉富山県・小学校……中村　弘之

1 出会い

幸太は、一・二年生の時、エスケープ・暴力・暴言を繰り返し、集会や行事、授業への参加を拒否してきた。指導がまったく入らないなかで、問題が起こるたびにケース会議が開かれ、父親が学校に呼ばれて懇談会が開かれていた。両親は夜の仕事をしていたが、今年度からは父親が家に居る。幸太は、ことばの教室に通っている。サッカー遊びをする仲間もいるが、その暴力性のために怖がられていた。

どんなことが彼の喜びとなり、周りとの信頼関係を築き上げるのか、彼に寄り添い、そのきっかけをつかむことが必要だ。昨年度の記録をもとに当面の方針を立てた。

▼①必要な指示、要求は示すが、しからない。事実に即してほめる。個人指導を通して基礎学力をつける。

②学級の関心事や公的な活動に関わって、学級のなかで事実に基づいて幸太を評価する。

③対話を通して班・班的活動への参加を生み出し、発達要求・存在要求の実現をめざす。つながるチャンスにする。

2 班編成

学級びらきでは、①困っている人には声をかけて相談にのってあげよう、②みんなで協力して授業や楽しい遊び・集会をたくさんやろう、③お互いのことを知ろう、の三つを示し、そんな学級をみんなでつくっていこうということを話した。

第一次班を編成する前に、私が子どもたちに班編成の提案をした。班長などリーダーの選出、班のお楽しみ活動などの計画を立てることを盛り込んだ。

すぐに幸太が来て、「先生、おれ、リーダーになるから」と宣言し、図工の学習リーダーになった。「得意な図工なら教えられるから」と言っていた。「みんなの力になってあげてね。先生も応援するから」と励ました。幸太は、授業中によく絵を描く。話の中身がわからなくなって頭がごちゃごちゃになった時に描くようだ。「絵を描いていたら、すぐ行くからね。一緒にやろうな」と約束した。

班の方針発表の時間。幸太は、正男ら五班のメンバーに誘われ、班のこれからの取り組みについて発表した。班の記念写真を撮った。うれしそうだった。

集会・ゲーム係が、毎週金曜日の朝活動にゲームをすることを方針に掲げ、初めてのミニゲーム集会を開いた。幸太がみんなから離れて座っている。「伝言ゲームのやり方がよくわからないから、おもしろくない」そうだ。終わりのインタビューの後、私は「本当にみんなが楽しかったのだろうか」と投げかけ、幸太のことを話した。

すると子どもたちは、「見本を見せてあげればよかった」「説明がみんなにわかったかを確かめればよかった」などと言った。「そうだね。リーダーは、係の人や班長だった。その人たちが、しっかりとみんなの様子を見て、確かめておく必要があった。もちろん、班の人もね。困っている人を助けるというのは、こういうことじゃないかな」と話した。幸太は、落ち着いて話を聞いていた。

▼「おれ、○○したい」ということを、周りに発信していくことが必要だ。幸太に寄り添い、彼の思いが言語化されて周りに伝わるようにする。

幸太は、相手の意図を感じる力がある。強い指導や誘導的な指導を拒んで、関係を絶つか逃避する。自分が選んだこと、考えたことだけを頼りに生きてきたのではないだろうかと思った。その後、幸太は「先生のイスは、いいなあ」と言いながら、教師用の椅子や給食台の所に座って授業を受けたり、ひざの上に座ったりしはじめた。彼との距離が少し近くなった気がした。

普段は私の机のところにいたが、班会議になると班長の正男が、「幸太さんがいないと班会議にならないんだ。班に来てね」と言って迎えに来ると、手を引かれながら班に戻る。どうやら正男は幸太とつながることができるようだ。みんなで決めた活動は、幸太も受け入れる。

ゴールデンウイークが終わったら新しい班をつくるということにしていたので、第一次班のまとめを行った。五班のまとめで、正男が「幸太さんが、給食の時や昼休みに、楽しい話をしてくれました。班長が『話し合うよ』と言うと、幸太さんが参加してくれました」と発表した。

3 班がえ(第二次班)

第一次班のまとめをもとに、めあてをつくった。「班は自分たちでつくる」「困っている人を入れる」などが決まった。採決で、幸太が手を挙げていなかったのを見つけて、「幸太君、どうするの、賛成?」と千尋が呼びかけた。すると、私の机の下から手がにゅーっとまっすぐに伸びた。「幸太君も賛成だね。満場一致だ」と議長が言った。

班長会議では、「子どもがつくるって言うけど、どうするの?」「班長になりたい人が代表でつくって、みんなに提案したらどう?」と話が進む。班長立候補者が多かったので、「こんなにたくさんいたら大変だね。六人の人がつくって提案するといいんじゃない?」「あとの人は?」「班ができたら交代でやる。三日間とか、一週間とか決めるといいよ」「よし、それならいい」ということで、班編成グループができた。そこには幸太も入っていた。大きな目がさらに大きくなっている。やる気だ。いつもはあっという間に帰るのだが、千尋の呼びかけで、放課後居残りして相談会で班編成案をつくった。

千尋に幸太と同じ班になってほしいことを話した。千尋は、気持ちが伝わらないと時々不安定になるが、おおらかで人の気持ちがわかる。千尋と幸太は、班長を交代で務めた。

算数の時間に班学習で、体育館の横の長さを図っていた時のことだ。幸太が急に巻き尺を持って歩きはじめたので、千尋が「幸太さん、待ってよ、やめてよ」と叫んだ。幸太は、「ぼく帰る」と言い出し、巻き尺の空箱を持って体育館を出ていった。追いかけていくと、顔を隠して廊下で座っている。授業が終わると、千尋が「帰るよ」と言いながら、付き添っている。千尋が「幸太さん泣いています。きっと先生が『こらこら』と言ったからだよ」。「あれは、しかったんじゃなくて『ちょっとまてまて』という意味だよ。でも、千尋は本当によくやってくれているね」と言うと、「先生が、班長というのは班の人を大切にするんだと言ってたじゃない。私、班長だから」と言った。話を聞いているうちに、幸太は立ち上がって教室に戻った。

班会議をした。幸太は、班会議の最中、周りをうろうろしながら聞いている。

私「ねえ、幸太は、何が気にくわなかったのかわかる?」

「やったことを、千尋さんが『やめて』と言ったから」

「長さを測りたかったんじゃない?」

私「そうなの、幸太?」(うなずく)

「でも、測りたかったのは幸太さんだけじゃないよ。みんな測りたかったよ」

私「じゃあ、どうすれば良かったの?」

「みんなで順番を決めてやる」

千尋「幸太さんは、何も言わずに急にやらないで、ひとこと言ってくれたらよかった」

私「そうか。幸太は、気持ちをみんなに伝えれば良かったんだな。それをみんなが聞いてあげる。四班にとって必要なことが見つかったね」

幸太は思いが先に立って、衝動的に行動するところがある。加減というものを知らない。突然ふざけて膝蹴りをしたり、のしかかったりする。幸太特有のコミュニケーションの取り方なのだが、相手に不安を感じさせることがある。引き続き、言葉で伝える方法と経験が必要だ。

その一方で、一か月半の短い間に、幸太が時折学習と向き合う様子が見られた。算数では、二年生ではほとんどできなかったかけ算・時間・長さなどの学習に取り組みはじめた。また、「国語辞典の使い方」の学習で、「先生、辞書を使うのって楽しいね」と言っていた。学習の当初は五十音の仕組みも理解していなかったが、国語辞典がお気に入りの一冊となった。

▼二年生までの学習内容や生活の仕方を補強しながら、新しい内容に取り組もう。前に進むことができたと実感できたことや、思いっきり楽しめた経験など、周りとのつながりや安心感を生み出す取り組みが必要だ。

4 切り紙

学級目標を掲示するために、一人ひとりが切り紙を作って貼ることになった。その後も切り紙がちょっとしたブームになった。幸太は、毎日のように正男ら班のメンバーや麻美たちも混じって切り紙を作った。そして、「切り紙、使っていいよ。好きなだけ持っていっていいよ」と宣伝している。まるで、「これはぼくが作ったんだ。きれいなのがいっぱいあるよ。持っていっても怒ったりしないよ」と言っているようだった。彼の作った切り紙は、ていねいで人気があった。ものづくりや絵などに夢中だったので、「切り紙集会やろうか」と言うと「いいねえ」と言う。

さっそく幸太は、自由参加のミニ切り紙集会のお知らせを作った。ものづくりが、班のメンバーと幸太を結びつけた。作っている最中も、彼らが「幸太さん、やめて」「幸太さん、座って」「幸太さん、始めるよ」などと言っていた。幸太は、大抵従う。他の子どもたちも「言っていいんだ」ということを感じはじめている。

私からは、「君はいつでも教室から出て行けるし、戻ってこられる。でも、先生もみんなも心配だから、断って行ってほしい」ことを求めた。なんと幸太は、「わかった」と言って、この約束を守ろうとしてくれた。

▼ゆったりとチャレンジする。対決的な緊張関係に陥らないようにする。幸太への指示や要求、行動を注意する。対話であっても、最後には「幸太っておもしろいね」と言って終わるなど、周りも安心できる対話が重要。

5 第三次班

班のまとめのなかで、幸太は「正男に勉強を教えてもらった。うれしかった」と話していた。正男と麻美は互いに、「幸太さんが勉強をがんばれるように勉強を教えていた」と話し、学習リーダー同士で幸太に関わっていたことを讃え合っていた。第三次班でも幸太は、「今度こそおれ、班長になる」と言って班長に立候補した。班長立候補者が一九人になったので、第二次班と同じように班内輪番制で担当することになった。

「三次班ですること」のなかに、学級内クラブや班ノート、班のミニイベント、困っている人を励ます取り組みなどが決まった。なかでも学級内クラブは、幸太が工作の活動をしたいと言ったことが発端となって、始まったものだった。一つのチャンスが訪れた。クラブができると、幸太がやってきて「先生、前に貸してくれたあの本、貸してください」「あの本ってなんだ?」「あれだよ、あれ、小さいやつで作るやつ」「ああ、室内工作の本か」「そう!、それだよ、それ」と言うと、本を手にしてパンチングバルーンを作った。それを使って、さっそく麻美たち女子や他のクラスの男子も含めて数人と遊びはじめた。また、段ボール箱を持ってきて、何やら作りはじめた。

授業では、班の子どもたちもアドバイスをしているのだが「先生、きてきて」が始まる。ノートに書く気配がないので、「じゃあ、やるぞ」と言って、私がノートの問題を書き、幸太が口頭で答え、それを私が書くということの繰り返しが続いた。リコーダーの練習では、「ちょっと待って、もう一度」と付き添いを求めながら、何度も練習した。次第に、作品の仕上げまで自分でするようになった。自分で買ってきたドリルの丸つけを頼みにも来た。

音楽の授業の後のことだった。にこにこしながら「先生、音楽も図工も算数も国語も理科も楽しいね。おれ、どんどん好きになってきたみたいだよ」と言う。その様子を見ながら、授業になると読書かエスケープ、テストをすれば「いやがらせかよ」と言ってテストを拒否していた頃の幸太の姿がダブった。

一学期まとめの会に取り組んだ。まとめの会の班の出し物は、「学級のあゆみ」のなかからテーマを選ぶ。幸太の班はなかなか出し物が決まらなかったが、幸太は班会議に入ってメンバーと話し合いを続け、読み聞かせに決まった。幸太は「自分も読み聞かせをするんだ」と張り切っていた。当たり前のように班で練習したり話し合ったりする姿に成長を感じた。

▼「いっしょにやってみよう」「幸太といると楽しい」「こんなことができるようになった」と言える活動を、子どもたちの力を借りながら進めていく。

6 最難関の学習発表会

幸太は、集団のなかで次々と指示される速い動きや、新しいことを始めることに極端な不安をもっている。不安と孤独感を味わうからだ。だから「おもしろくない。やらない」と言う。しかも幸太は、音読が大の苦手なのだ。今度は大丈夫だろうか。

学年総会で、めあてと演目・取り組み方法が決まった後、幸太と話した。「去年、学習発表会出たの?」「出たけど、立っていただけ」「なにもしなかったの?」「うん」「『どろぼう学校』どうだった? 全員にセリフがあるんだよ」「面白そうだね」「きっと面白いから、がんばってほしいんだ。で、なにやりたい?」「おれ、どろぼうやりたい」。即答だった。まずはスタート地点に立った。「グループのメンバーと練習をしたい」と言うので朝練を計画した。

ところが、いざ学習発表会予行の朝になって、「予行に出ない」と言い出した。理由は「失敗するかもしれないから」だった。「君一人で演技するわけじゃないよ。どろぼうグループAのみんなと一緒だよ」と言うと、周りの子どもたちも「そうそう、大丈夫だよ」と励ましてくれた。ちょっと落ち着いたのか教室に入った。予行では、心配をよそに立派に演じていた。帰りの会で班長の麻美が、「今日のMVP」に幸太を指名した。不安を乗り越えて演じきったというのが理由だった。麻美は、幸太に教えたり、声をかけたりしてきた子の一人だ。幸太は、はにかみながらもうれしそうだった。

幸太と話す。「一・二年の時の幸太はどうだったの?」「ぼくね、一年生で入学して、ちょっとぼーっとしているうちに、みんなが先へ行ってしまって、いつのまにかぼくは取り残されて遅れてしまった感じだったの。二年の時は全然わからなくなって……。でも、三年生になったら、面白い先生になって、一緒にやっているうちに少し良くなった」「あのね、幸太は一・二年の時に、なにもしなかったから、大切なことがすっぽりぬけ落ちてしまったんだよ。一・二年生の力がついていなかったんだから、三年生のはじめのころは大変だったよ。でも先生のおかげっていうことだよな」「へへ、それ自慢でしょ」「それぐらい言ってもいいと思うけど。これからもいつでも力になるよ」と励ました。この頃からだろうか、幸太は、教室から出ることがほとんどなくなった。

▼幸太を突き動かすものは、信頼できそうな教師や仲間の支えと安心感だ。やってみせる・いっしょにやるなかで、小さな勇気を後押しし、自ら一歩踏み出してやってみようとするきっかけをつくる。

7 体育の学習

フラッグフットボールの学習に入った。授業が終わると幸太は、「先生、このメモ用紙に作戦を書いてもらおうと思っているんだ。いいでしょう」と言いながらメンバーに配っていた。練習でも幸太が学習をリードしはじめた。チームのなかで、幸太はコーチになり、作戦の練習をした。「今度は、僕がみんなのためになる番だ」と言う。学習ノートには、チームメイトがタッチダウンしたことを喜びあったり、自分のガードが遅れ、味方がフラッグをとられ悔んだりしている内容をぎっしり書いていた。

幸太が欠席した日などには、「幸太さんの分もがんばろう」「コーチがいなくて、チームが崩れそうになったけど、みんなで立て直した。幸太さんがいたらもっとよかった」といった感想が聞かれた。幸太がチームで信頼されていることを感じる。

8 クラブ活動

第二回学級内クラブの提案があった。休み時間になるといつもサッカーをしている幸太たちは、サッカークラブの活動を提案した。ところが、思わぬ抵抗に遭った。「運動クラブがいつの間にサッカークラブになったんだ」「サッカークラブの人たちだけで楽しむ活動になっているよ」「イベントもないし、他の人も参加できないクラブ活動なんておかしい」「なかよし学級クラブのめあては、みんなが楽しいクラブ活動だったから、それとも違う」などの意見が噴出したのだ。確かにこれまでのクラブ活動は、学級内外に開かれた取り組みになっていた。

討議の結果、否決されてしまった。すると幸太は、急に保健室に行ってしまった。メンバーから慰められても、サッカークラブが成立しなかったことが、まるで自分のせいであるかのように言いながら泣いていた。しかしこれまで幸太が、公的な活動で当事者として心を痛めることなどなかったことを思えば、大きな変化だった。

すると今度は、「ドッヂボールクラブを提案したい」と言ってきた。しかし、メンバーが少ない。「メンバーを集めないとドッヂボールもできないでしょ」と言うと、「よし、集めてくる」と言って、その日のうちに七人のメンバーを集め、メンバーと原案をつくった。たくさんの質問が出たが、しっかりと受け答えできた。決まった後に、私のところへ来て「先生、おれ頭が痛くなった。ここんとこ」と言って、斜め前付近をしきりに抑えている。

「がんばったなあ。きっと、今まで自分から提案する経験もなかったから、急に頭のそのあたりを使ったからじゃないかな。でもその頭痛は、いい頭痛だと思うよ。どんどん使ううちに、きっと痛くなくなってくるから」と、笑いをこらえながら頭をなでてやった。

ドッヂボールクラブは、さっそく計画を立てはじめた。二学期末、麻美の母親が「うちの子、『幸太さんは変わったよ』と言っていました」と伝えてくれた。

◎──コメント

「なにもしない」から権利主体になる道へ

◉研究全国委員………植田　一夫

1 はじめに

中村実践のテーマは「なにもしない幸太からのスタート」とある。「なにもしない」とはどういう状況を指すのだろうか。まずは「自分からは働きかけない」そして、次に「まわりが働きかけない」という状況を生む。例え、まわりが働きかけたとしても、その働きかけに応答しない幸太には、やがて、「まわりが働きかけない」という状況を生んでしまう。

福島大会基調は、原発事故下で進められてきた『「日常の再建』は結局、子どもたちにとっては『大人の言うことを聞く』『勉強する』『我慢する』に聞こえていたのではないか」そのなかで学校は「子どもたちのなかにある『どう生きるのか。震災禍のなかでなぜ勉強するのか。なにを勉強すればいいのか』などの問いに応えてこなかったのではないか」という。だから、「権利主体としての子ども」を育てることを呼びかける。基調は権利行使の主体とは、「子どもを生活の主体としてみることであり、自分の生き方を自分で決めてよい主権者と見なすことだ」と言っている。子どもの権利条約では、子どもに生存する権利(1)、発達する権利(2)、保護される権利(3)、参加する権利(4)などを認めている。田代高章によれば、「権利主体という場合、子どもの権利条約では、子ども自身が権利を享有する主体(権利享有主体)であると同時に、参加する権利に代表されるように、その共有する権利を子ども自らが行使しうる主体(権利行使主体)であるという二側面を認めている」(5)と言っている。「なにもしない幸太」は「自分からは働きかけない」という点で権利行使主体にはなっていないし、「まわりが働きかけない」という点で権利享有主体でもない。はじめに登場する幸太は二重の意味で権利主体ではないのである。彼のエスケープ・暴力・暴言・参加拒否はささやかな彼の権利主体になれない抵抗だったのだ。

私が印象に残ったのは、幸太がこんな自分になったことを実践の後半で振り返っているところである。「ぼくね、一年生で入学して、ちょっとぼーっとしているうちに、みんなが先へ行ってしまって、いつのまにかぼくは取り残されて遅れてしまった感じだったの」という証言は重要である。今の学校の状況は学習指導要領が学習内容の過密化を招き、学力テスト体制が学校的価値の単一化を加速している。こんな状況を考えると、幸太のような思いをしている一年生が少なからずいるのではないかと思う。

2 幸太と肯定的に出会う

幸太は中村さんとの出合いを「でも、三年生になったら、面白い先生になって、一緒にやっているうちに少し良くなった」と証言している。その最初の方針は「必要な指示、要求は出すが、しからない。事実に即してほめる」というものだった。だから、幸太は自分のほうから図工リーダーになる参加の一歩を踏み出しはじめる。おぼつかない足どりの幸太を中村さんは幸太のヘルプのサイン「絵を描く」を見逃さず、幸太が絵を描き始めたら「すぐ行くからね。一緒にやろうな」と約束したり、ミニゲーム大会では幸太が困っていることを中村さんは代弁したりして、幸太のなかに安心をつくり出す。その証拠に幸太は中村さんの膝の上に座ったりするようになる。

3 友だちとの関わりを大切に活動のなかで周りの安心づくり

教師との関係が近いものになるなか、班会議に参加してほしいと誘いに来る正男にも従えるようになる。先生の接し方をまねるように、子どもたちからの働きかけも増えてくる。トラブルが増えているのがその証拠である。算数の時間、巻き尺を持って「ぼく帰る」と言って授業が中断する。班長の千尋の思いを聞き取り、千尋の「なにも言わずに急にやらないで、ひとこと言ってくれたら良かった」という幸太への要求を出させる。そして、彼の得意な「切り紙集会」を呼びかける。その活動のなかで班のメンバーが「幸太さん、やめて」「幸太さん、座って」「幸太さん、始めるよ」などと幸太に要求を出す。幸太はその指示に大抵は従う。子どもたちはこの活動のなかで今まで思っていたのとは違う幸太を発見し、関わっても大丈夫という安心感と展望をえることになる。

4 手厚いケア、楽しい勉強

中村さんが幸太との授業場面をスケッチしている。「先生、きてきて」と幸太。幸太はノートを書く気配がない。中村さんがノートに算数の問題を書く。その答えを幸太が口頭で言う。中村さんがノートにそれを書く。この繰り返しが続くのであるが、中村さんは辛抱強く寄り添う。リコーダーもドリルの丸つけも……このようななかで、幸太は国語辞典を引くのが好きになり、二年生の算数にも取り組むようになり、「先生、音楽も図工も算数も国語も理科も楽しいね。おれ、どんどん好きになってきたみたいだよ」というようになる。この意欲は幸太が苦手にしてきた「音読」を学習発表会で読み聞かせとして挑戦することに現れる。麻美の援助を受けながら取り組み。この取り組みで幸太は「今日のＭＶＰ」になる。幸太がこの学級で承認される象徴的な出来事になる。

5 クラブ活動のなかで今後の課題

私は、この実践のなかで少々の違和感を感じるところがある。中村さんのていねいな語りのせいもあって少年期の活動の生き生きとしたものや荒っぽさが感じられないのだ。それを感じるのは特にクラブ活動の場面だ。運動クラブをつくってサッカーばかりをしているのは問題かもしれないが、これはクラブ活動、同好の子どもたちが同好の活動をする。ある意味で閉じられた私的グループを形成するということではないのか。「イベントもないし、他の人も参加できないクラブ活動なんておかしい」という追及に「運動クラブはクラブのなかで話し合って『今日もサッカーがいい』って決めてやっているんだ」「それのどこが悪いの？」と言えるぐらいの私的グループを幸太の周りに形成していくことをめざしての実践ではなかったのか。幸太の周りに正男や千尋や麻美のような援助する子たちはいるが、対等平等の遠慮なくケンカができるような子どもたちが幸太の周りに形成されるためには、本来のクラブ活動が必要なのではないだろうか。

6 おわりに 権利主体を育てる道

「なにもしない」幸太は中村さんや学級の子どもたち、そして、とりもなおさず幸太自身の力で権利主体になる道を歩いている。幸太は中村さんの手厚いケアや子どもたちの働きかけのおかげで「こんなこともできる」と自信を取り戻した。その自信はまさしく幸太のなかに権利享受主体を育てつつある。そして、学級の子どもたちが幸太に関わっても大丈夫という安心感を持ったことは幸太の活動を生み、幸太のなかに権利行使主体を育てつつある。日常生活上の問題を頭を寄せ合って解決したり、自分たちのやりたい活動を実現したいと思うたびに、民主主義の手続きを経験し、実行していったりするなかで、自分たちの生活をつくる見通し路線に子どもを立たせる。自分たちのつくっている社会は自分たちの力で変えることができるという実感を持たせることが権利主体を育てることにつながるのだ。

●注

（1）子どもの権利条約二四条、二七条など。
（2）子どもの権利条約六条、二八条など。
（3）子どもの権利条約三条、一九条、三六条など。
（4）子どもの権利条約一二条、一五条など。
（5）田代髙章「子どもの権利を実践化する生活指導の未来～『生活指導事典』を読み開く～」『生活指導研究』ＮＯ28、日本生活指導学会、二〇一一年、一二六頁～一三四頁所収。

胸ににがいものがこみ上げてきた

◎愛知県・小学校……豊田 健三郎

1 はじめに(K君という子)

大きな問題は、K君だ。四年時の最初に転入してきた。その時は、隣のクラスだったが、暴力をすぐ振るい、手や足が出る。「先生はすぐ俺たちの言うことを聞かず勝手に決める」が口癖だった。「みんなを悪い方向に先導する」と四年時の担任は言っていた。K君は、かなり問題を持っているが、素直な反応も見られた。おもしろいところがあり、みんなを引きつける魅力がある。生かせそうだ。

2 五年生の始業式、家庭訪問

始業式。私のクラスには、K君がいて、子どもたちの雰囲気に出ていた。K君の暴力や自分勝手な振る舞い、サッカー軍団の理不尽な力の支配などに取り組んでいくこと、そして、子どもたちに自治の力をつけていくことが今年の課題だと私は思った。

家庭訪問では、「Kは去年から担任は豊田先生がいいと言っていたんです。始業式で帰ってくるなり、うれしそうに話したんです」と。実は、K君も私に期待してくれていたんだな。ともあれ、この時私は、少し肩の力が抜けた。

3 学び「胸ににがいものがこみ上げてきた」(四月一四日)

これは、私が作った教材。切り込もうと思った。

まさとは、A君たちと遊んでいたが、B君に「おれたちの遊びにつきあえよ」と言われて、いやいやながらついていった。おにごっこが始まり、足のおそいC君への集中ねらいが続いていた。まさとは、自分のしていることがいやで胸のあたりににがいものがこみ上げた。泣きそうなC君。その時まさとは……

そうた君がまず発言した。この子はこういう時、すぐ反応する。「ぼくなら、B君が怖いけど、C君に一緒に逃げようと言う」。意見を言いながらもこの場ではお互いに聞いているので微妙なところで発言していると思った。女子からは、「仲間をつくって集中狙いされている人を助けたいです」（はるひ）などの意見が出た。私は、「そうですよ。一人で立ち向かっても仕返しが怖いもんね。〝胸ににがいものがこみ上げた〟時、実は同じ思いの人がいるんじゃないでしょうか。その人を見つけること。そして『いやだよね』とひとこと言い合えれば、もうそれでつながった！　そしたらもっと同じ考えの人を増やせばいいよね。そしたら、B君に立ち向かえるよね」と話した。

そんななかで、「B君を反撃しても、今度はB君がいじめられると思います」とりんと君が言った。愛さんは、「B君にもプライドがあるから、プライドに触れずにC君を助けられる人になりたい」と言った。

ここでK君は、「ぼくがまさとだったらわざとつかまって鬼を自分に変える。みんなの意見を聞いて、仲間を集めて戦おうと思います」とプリントに書いた。当然B君の立ち場が気になるのではないかと思ったが、こういう反応をした。それが、次のサッカー軍団の話し合いで明らかになっていった（この後、力を合わせて、サッカー軍団の支配と戦うことになっていく）。

4 サッカー軍団の話し合い（四月二七日、二八日）

休み時間のフットサルのコートのことで、どの学年の誰たちが使うかを代表者が話し合い、コートの割り振りを行っている。その会議で全校の順番で、どのコートをつかえるかの予定がたてられる。その代表者にいつも良太君が行かされていた。その会議の時間も子どもたちは遊びたいわけで、やっかいな仕事は良太君がさせられていた。前回も今回もそうだったので、二組の私のクラスのサッカー軍団に、「いやなことは良太君に押し付けているのか」と問いかけた。「そうだったと思う。一組のはやて君が良太君に行けと言っていて、そういうふうに決まってると思ってた。俺は今年からサッカーで遊んでいるので」とまたまた、そうた君が発言（この子、お調子者だけど、こういう話し合いの時、素直でいいなあ）。はやて君が命令しているという話が続くなかで、直人君が言った。「ぼくは、一週間ぐらい前からサッカーで遊ぶのをやめている。今は、隣のクラスの和史君と遊具のタワーで遊んでいる。はやて君が、フリーキックとかで失敗すると、『お前退場』とか言ってくるので、もういやになってやめた」と言った。そうだったのか。仕切る側だったんじゃなくて、君もいやな立場だったんだな。

するると、あゆむ君も発言。「キーパーとかやってると、シュートを止めるのが当たり前なのに、はやて君は、自分がシュートして止められると怒りはじめる。なんだかんだ言って『退場』とか言ってくる。だからぼくももうサッカーをやってない」と言った。これもそうだったのか。「なんだなんだ、みんな、『にがいものがこみ上げてきた』の世界のまんまじゃないか。他の子はどうなんだ」と私。他からもはやて君の仕切りへの不満が出るわ出るわ。「ところで、K君はどうなんだ」と私がふってみた。すると意外にもK君は次のように言った。

「俺も実は、前シュートを外した時『何やってんだ』とはやてに言われて、ファールじゃないのにその後ファールとか言ってきて、『退場』って言われたことがある。そのときはいやだったけど、サッカーは楽しいのでずっと続けている」。そうだったのか。君は、クラスを先導するぐらいで、サッカー軍団でも支配していると思っていたが、サッカーの時は、はやて君にやられている側になるんだな。私は心のなかでそう思った。

それにしてもはやて君の独裁はひどいなあ。「直人君、さっきまず君が言ったけど、よく言ったなあ。よく勇気を出したぞ」と私。「実は前、それをKには話したことがある。Kなら聞いてくれると思って」と直人君。「そうなのか」と私。「うん。直人が俺のことは信じて話してくれたんだなあって思った。でも、何にもできなかったけど」とK君。

私「そうか。君たちはそんなふうにつながっていたのか。みんな、今日の話し合い、覚えておこうな。話したら、みんな同じ思いってわかったでしょ。ほら、『にがいもの』

の時みたいに。今日は話せてよかったなあ。今日は、二組のみんながつながった日だな」

翌日、私はK君に話しかけた。「昨日は話してよかったけど、二組の中だけだよな。なんかモヤッとしてない?」K君は、「モヤッとしてる。一組も入れて話し合う。ね、けんちゃん。俺とけんちゃんで一組にも言いに行ってみんなで話し合おう」「えらいな。それができるのは、君と健ちゃんだけだよな。K君。健ちゃん。これができれば、君らは、本当のリーダーになれるよ。みんなの不満を受け止めてどうすればいいかを考えられるんだからな。でもその時、はやて君への個人攻撃にならないようにしないと。ほら『にがいもの』の時にもやったでしょ。今度はB君がいじめられるかもしれないって。一緒だよ。サッカーのやり方への不満って言う感じで話し合って、ルールを決めるといいよ」と私はアドバイスした。「わかった。よしやろう」と二人はさっそく一組に言いに行った。

次の長い休み時間にワークスペースでみんなで話し合っていた。直人君やあゆむ君は、昨日クラスで話した時のようにそれぞれ不満を言っていた。他の子も。一組の子もいろいろと言いはじめた。K君はこの話し合いで司会をしていた。これからのルールへと話が進み、文句を言わず失敗しても「ドンマイ」と言おう(その気持ちになろう)などを確認していた。一組は一組でさらに話し合っていたようで、ルールを紙に書いていた。はやて君の今後の動向は気になるところだが。こうして四月が終了した。

5 サッカー軍団は、その後……

さて、サッカー軍団は民主化されたのか。「ドンマイ」の話し合いの次の日、長い休み時間、さっそくサッカーで遊んでいた。帰ってきて、また不満を言っていた。私に聞かせるように私の近くで話していた。

あゆむ「さっき俺がさあ、足がぶつかったとき、はやてが「ファール」って言ってきて、「ファールかあ?」って俺は言ったんだけど、聞いてもらえなかった」**真人**「え!また!はやては全然変わってないやん」**健二**「でも、チーム決めとか、はやてもだいぶ変わったじゃん」**K**「昨日の話し合いの後、はやては一人で『面倒くせー』とか『おもしろくねー』とか言ってた。昨日のルール、聞く気ないんじゃない。俺もさっき、ファールって言われたし」**私**「さっきから先生に話してる？（うなずく皆さん）どうやら、ファールが問題みたいだね。はやてがファールって言って、もう一人がとか、二人以上がファールと言ったらファールにすれば？」**K**「それ、いい」**健二**「それだといつも、しょうたがはやての味方っていうか、『あ、ファール、ファール』とか味方して言うから」**あゆむ**「もう、はやてにはっきりみんなで言おう」**K**「でも、それだと今度は、はやてが一人になるって言うか、B君みたいになっちゃうじゃん。先生、どうすればいいですか」

「それは、まあ、どうしよう」と冗談っぽく困り顔で言ったら、「せんせーい」とK君が笑いだした。「ちょっと、先生」とみんなも笑いだした。この雰囲気は悪くないと思い、私は「しかし、君たちはすごいなあ。何とかしようと、こんなにみんなでつながって考えられるようになってるよ。とにかく、この団結の力で何とかするんだ」

K「それだけじゃあ、進まないよ。ここは、いつもは優しい健ちゃんがはやてに言うとか」**健二**「え？俺？やっぱりKでしょ。はやてに言えるのは」**K**「じゃあ、二人ではやてに言ってみるか」

この後あゆむは、「俺はサッカーもやるけど、おにごっこもやる」と言って、サッカーから降りた直人と遊ぶ約束をしはじめた。直人もおにごっこの勢力を広げようと他の子やサッカー軍団の子を誘っている。それを見ながら、Kと健ちゃんは、次の休み時間にはやてに話にいっていた。

こうした二組のサッカー軍団の動きを感じていたのか、一組のはやては、「俺、サッカーやめる」と、二組のサッカー軍団の女子の愛に言ったようだ。「そう言ったんだって」とその話をKがみんなに言っていた。探っているのか、体裁悪くてか、はやても反応してるなと私は聞きながら思った。

すると早速、直人が「やったー。みんなの力ではやてを撃退したじゃん（おー、と言うみんなの声）。俺、サッカーやろうかな」と言い出した。「じゃあ、新しいチーム決めだ」と健二。ここは私がフォローした。「Kくん。ここは、君がリーダーシップを出せよ。はやてに『いつでもまたサッカーに来いよ。お前がいないと、みんながうまくならない』とか何とか言ってやったら。はやても君の言葉を待ってるんだよ。」と私がK君に話した。「そうか。みんな、チーム決めしといて。ちょっと早速、俺、はやてに言いに行く」とK。話に行った。

新しいチームは健二とKとあゆむを中心に決めていた。

昼休み。サッカーをしたらしい。その後、早速私に報告があった。

K「結局さあ、はやても来て、『俺もいれて』って言ってさあ。いいよってなって。それで今日は、はやてはみんなが嫌がるキーパーを自分でやってたよなあ（そうそう、とみんなの声）。先生。みんなでまた仲良く遊べそうだよ」

Kは変わってきた。サッカー軍団も変わってきた。Kが本当のリーダーになっていくのは、いよいよこれからだ。

さて、その後はやて君も入れて、もう一度サッカー遊びが始まっていた。しかし、はやて君の横暴はまた復活していた。そんななか、K君と健二君とあゆむ君が私に話しに来た。

「先生。やっぱりだめだ。はやてがまたファールファールって言い始めた」**あゆむ**「なんかさあ、違うふうにしない」**K**「二組でサッカーをやるということにしようと思う。それしかない」

こうして、二組独立チームでのサッカーが始まった。一組の子は、コートの半面でしていたが、もともと四人ぐらいしかいないので、そのうちサッカーをやらなくなっていた（「クラスごとに盛り上がるのがいいですよね」と一組の先生も言っていたが、うまく手が入らず停滞。一組でもサッカーが広まることや、やり方もみんなで決めていくことなどを一組としてもめざしていきたいとその先生は、言っていた）。

6 K君への不満

さて、一方で、良太君が二組のサッカーをやめたようだ。コート決めの代表者会議もそうた君が代わりに行くようになったようで、良太君が〝パシリ〟のようなことをすることはなくなっていた。だが、やめた、という。K君が関係しているらしい。健二君やあゆむ君が、良太君の話を聞きとったらしく、三人で私の所に来た。

あゆむ「なんか、K君のことがいやで良太君はサッカーをやめたんだって。ねえ」**良太**「うん。なんか上から目線でいつも言ってくるし、前、文句言われて、もっと前からもあったし、いやになったから」**私**「おいおい。なんか、はやて君の時と同じじゃないか」**健二**「でも、Kは、そんなっていうか、ひどいわけじゃないけど、負けず嫌いだから、興奮するとそうなるけど」**あゆむ**「でも、良太君は言われたんでしょ」良太「言われた。上から目線だから、いつも」健二「まあ、言われたらいやだと思う。Kは、そういうとこあるから」

私「そうなんだ。でもあれだなあ。良太君、よくやめるって言ったなあ。前なら考えられないよね。いやいや代表者会議にも行かされてたわけでしょ。（うん、と良太）。今は、堂々とやめるって言うなんてすごいじゃん。しかもKにもそう言ったんでしょ。前、Kが『俺がいやでやめるらしい』とかぶつぶつ言ってたのを先生聞いたことあるよ」

私「で、どうなの。良太君は、サッカーはやりたいんでしょ。（うん）。だったらどうする？」あゆむ「ぼくたちでKに話してみよっか。」

ここでは、私は良太君の変化に本当に驚いていた。サッカー軍団のなかでは、自分の意見は言わず、周りの気配をいつも探っているようなところがあったから。はやて君にみんなが異議申し立てをした時も沈黙していた。良太君は賢く、周囲への観察力も鋭い子と私は見ていた。その子のこういう変化は、クラスの雰囲気が「不利益には異議を申し立てる」という方向に変わってきたことを意味すると私は思った。しかも、Kに対する異議申し立てだ。

Kの良さが実践のなかでずっと出てきていた。特にはやてに対しての動きは彼を中心に展開していた。しかし、Kの問題がなくなっていたわけではない。

ここでKへの追及ということになるのか。

7 Kのことの話し合い

二組サッカーチームでの話し合いをすることになった。健二君やあゆむ君が今回はリーダーシップを取り、話し合いをした。私も入った。

あゆむ「まず、Kのことで、良太君がKがいやでやめたって言ってるんだけど、みんなはどう思う？」そうた「なんか言われるのがいやなんでしょ。文句みたいな。でも、俺は最近Kとけんかできた。この間、サッカーやっててちょっとKが言ってきた時、初めて言い返せた。だからKは、良くなってるんじゃない。そういうの（言い返したこと）、聞くようになったから」

K「俺もそうたが言い返してきた時、頭に来たけど、まあそうかなって思ったから」私「そうか。そうたは初めてだったか（うなずくそうた。）それはよかったなあ。K

とも対等になったんだな。ケンカできるようになったんだから。ところで、良太君は、何がいやだったか、ここではっきり言ったら」**良太**「ルール違反だから。（えっ？ とみんな。）だって、文句言わないって決めたのに、Kに文句言われたし、上から目線で命令みたいに言うし。それが、いや」**健太**「それは、僕も見た。いやだったと思う」**私**「そうか。せっかくルール決めたのにってことだな。これじゃあ、一組のはやてと同じになっちゃうってことか」**あゆむ**「いや、あのさあ、でもKはそんなに言わないよ。みんなで決めたことでやろうとするし、命令もそんなにしてないよ。最近は、そうたのほうが仕切ってるし（えっ、とそうた）。いやあの、変な意味じゃないよ。ちゃんとみんなに聞いてやってるから」**K**「良太のことは、俺も前、俺がいやでって聞いてて、だからとても気になってた。良太は、たいきもそうだけど、ゲームする前、ボール持って自分で遊んでて、やるぞって言っても遊んでたから、強く言った。それがきっかけだけど、確かに、命令みたいに言ったり、文句言ったりもした。はやてがいるころは俺も一緒になって文句言ってたし（最近は違うじゃん、という声）。うん、まあ、そうだけど、良太には言ってきたから」**健二**「良太がそういう風に遊ぶのはあった。でも、ゲームの時にKが文句言ってることもあった」**あゆむ**「K、どうする？ 良太に謝る？」**K**「うん。良太、文句言ったり、命令したりしたことがあるので、ごめん」**良太**「うん。いいよ。」**あゆむ**「よし、これで仲直り」

私「あのさあ、Kのことだけど、この子さあ、カーッとなって、暴言はいたり、暴力したりするじゃん。でも、普通の時、この子優しいんだよ、すごい。みんな、知ってるでしょ（うん、とみんな）。だから、暴言や暴力の後、普通に戻ると、すごい後悔するのよね。自分のしたことがいやになるというか、怖くなるというか、落ち込むのよ。K、そうでしょ」

「そう（ちょっと涙ぐんでいる）」**私**「今回も、良太のこと気にして掃除のとき、いきなり謝ったりしてたんだよね。良太は、意味わからず、は？ ってなってたけど」**私**「そう。俺、謝りたいって思って、いきなり言ったからわからなかったみたい」**そうた**「謝ってるの、ぼくも見た」**そうた**「だからさあ、Kのこと、理解してあげてほしいんだよ。この子がカーッとなった時、この子を止めてやってほしい。そのあと、K自身が落ち込まないように。どう」そうた「わかった。それがKのためなんだね」健二「もっとみんなで話していけばいいよね。みんなで決めれば」K「俺、手が出ちゃうとき、だいたいいつも後悔してる。ごめん。でも、カーッとなっても、やらないようにしたい。みんなに言ってもらって、そう思っている」

この話し合いは、大きかったと思う。Kのことを私は、きれると暴力的で、その後、自分のしたことにおびえ、落ち込むという傾向があると見て取っていた（四年時、隣のクラスだったK。誰かをたたいたり、蹴ったりした後、ワークスペースでうずくまっている姿を何回か見た。落ち込んでいる様子をその時見せていた）。ここで、その話もできたと思った。その後、Kは私にかなり甘える態度をとってきた。「せんせーい、あのさあ」と寄ってくることが多くなった。Kのジレンマに寄りそってやりたいと私は思った。

良太君は、その後も四人でサッカーをしている。それはそれでいいと思った。二組のサッカーチームは、その後も人数が増え続け、新しく加わる子が何人もいた。

私は、きちんとルールを明文化することをあゆむ君にアドバイスした。「文句や怒ったりしない」「言い返されても怒らない」が決まったようだ。この「言い返されても」は含みがあるなあと思った。お互いに言い返そうという意味が込められている。Kへも。対等に近づきつつあると思った。

二組サッカーチームは、良太君ら男子の四人と新しく女子が三人入り、一八人となった。

8 一組は……

その後、一組のことで二組の子はいろいろ考え、一組の時間にも参加してもいい子はサッカーに参加することにし、そのうち同じルールで一緒に行えるようになった。はやて君もルールを守っているらしい。ここでは、あゆむ君やK君や直人君が、一組のことも考えて動いたことに私は注目した。彼らの成長だと思った。

9 はやて君は……その後

その後、本人と話したことがあった。

私「この間お母さんとお話したことがあったんだけど。『はやては、なんでも勝負事の勝ち負けにしてしまう』って言ってたよ。『跳び箱にしても、算数のテストにしてもってことですか』って先生も言ったんだけど。そう?」**はやて**「ああ、そんなこと言ってたの。うん、まあそうだね」**私**「おにごっこでは違うらしいじゃん。なんで、サッカーは?」**はやて**「サッカーだとつい、いつもクラブチームでコーチに自分が言われていることが出ちゃう。それでみんながいろいろ言ってることは知ってる。でも、みんなでルールを作って、それでやっていくのはいいと思う。三年の時もそうだったし」**私**「でも、三年の時は先生に言われて、でしょ。今回は、みんなの話で進んでるんじゃない」**はやて**「うん。だから俺もみんなをルールでまとめるっていうか、そういうふうになりたい。フットサルの部活で、先生から『五年のキャプテンをやって』と言われてるし、そういう風になりたい」

はやて君もルールを尊重するようになったなあと思った。部活のフットサルの先生(一組の先生)も考えてくれていて、「みんなのことを考える人にならないとキャプテンはできない」と持ちかけてくれたようだ。サッカーをめぐるトラブルは、徐々になくなっていった。六年になり、はやて君は次のような作文を書いた(六年では私が担任)。「フットサルの部活は、キャプテンに立候補してキャプテンになった。練習中、チームがうまくプレーできなかった時、どんな声をかけたらいいんだろうと一番悩んだ。大会では結果は二位だったけど、一〇〇パーセントの力を出せた。キャプテンは、まとめなくてはと思っていたけど、みんなが一〇〇パーセントの力を出せる雰囲気を作ることが大事なんだとこの大会でわかった」

六年になり、はやて君は勝負事の考え方がいっそう変わってきたように思う。運動会の大玉送りで不利な判定をされた時、クラスの代表が審判の先生に話に行った。運動会の様子を保護者が撮影したビデオを持ってこようなどの声もクラスで出たが、これを沈めたのははやて君だった。「勝ち負けではなく、言いたいことをちゃんと伝えよう」ということになった。

六年では彼は班長になり、クラスの中心になってきた。

◎――コメント

自治を育む指導とは

◎東京都・小学校……佐藤　晋也

豊田さんの実践は、第五九回全国大会の一般分科会「小学校高学年の集団づくりA」の分科会で報告されたものである。本分科会での論議も思い出しながら、豊田さんの実践についてコメントをしたい。

＊　＊　＊

かなりの問題をもっているK。そんなKを担任することになった豊田さん。報告からも事前にある程度の引継ぎがあったことが予想される。そんなKがいる学級をどんな学級に変えていくか、ひとまずの方針を豊田さんは次のように立てている。

①Kの自分勝手な振る舞い、サッカー軍団の理不尽な力の支配などに取り組んでいく。
②子どもたちに自治の力をつけていく。

課題の多い学級こそ、やみくもに学級づくりを進めていくのではなく、こういった方針をもって実践を進めていくことが大切である。では、豊田さんはどのようにして子どもたちが抱える課題を解決していったのか、読み解いていきたいと思う。

＊　＊　＊

豊田さんはKの存在を念頭に置きながら、四月が始まってすぐに学級の課題に切り込んでいく。それが「**3** 学び『胸ににがいものがこみ上げてきた』」である。ここでは、学級の子どもたちの課題に似た事例について話し合っている。この話し合いで、子どもたちはさまざまな意見を出す。そして、この学びの最後に豊田さんは子どもたちにこう語りかけている。

「〝胸ににがいものがこみ上げた〟時、実は同じ思いの人がいるんじゃないでしょうか。その人を見つけること。そして『いやだよね』とひとこと言い合えれば、もうそれでつながった！ そしたらもっと同じ考えの人を増やせばいいよね。そしたら、B君に立ち向かえるよね」

豊田さんはここで、「理不尽なことには黙っていない」「理不尽なことには仲間とともに声をあげる」ことを教えている。

『**4**サッカー軍団の話し合い』がこの実践の一つ目の大きな柱である。ここでは、直人の言葉に対して「君もいやな立場だったんだな」と豊田さんは返している。また、直人がはやてへの不満をKへ話していたことがわかる。Kなら聞いてくれると思ったという直人の言葉から、豊田さんはKと直人とのつながりを発見する。このように豊田さん自身や学級の子どもたちは対話を通して、新しい発見を繰り返していく。新しい発見を通して、今まで知らなかった子どもたち、子どもたちや仲間の新しい一面を知り、教師と子どもたち、子どもたち同士が出会い直しをしている。この出会い直しが、理不尽な力の支配に悩まされていた子どもたちや、力で仲間を抑えつけることしかできなかったKを変えていく原動力となっている。

他にも**4**では、豊田さんのKへの個人指導の場面がいくつも出てくる。サッカー軍団の話し合いの場面の後半で、はやてへの不満をもとに子どもたちがつながる。その翌日、豊田さんはKに「何かモヤッとしてない？」と語りかける。この豊田さんの言葉を聞いたKは、はやての問題を解決しようとみんなの要求の先頭に立つのである。このKの立ち方が「立たされた」のではなく、「立った」のである。豊田さんが背中を押してはいるが、Kは自分の意志で立ち上がるのである。

豊田さんはKにリーダーとしてどんなことを求めるのかを明確に示している。一つは、はやてへの不満を個人攻撃にならないようにすること。もう一つは、話し合ってルールを決めることである。

「**5**サッカー軍団は、その後……」の話し合いでは、今までとは子どもたちの様子が明らかに変わってきている。はやてのことで悩んでいる子どもたちではあるが、どこか話し合いを楽しんでいるのである。この場面くらいから豊田さんの教師としての立ち位置も変わってきている。話し合いの中心が豊田さんから、子どもたちのなかにいるリーダー（Kや健二）に変わってきているのである。その証拠に、豊田さんの提案に対しても、健二が反対意見を述べている。最終的に、Kが健二に「じゃ二人ではやてに言ってみるか。」となる。二人で言うということは、Kにも一緒に言える仲間ができたのである。そして、言ってみるかという言葉には、自分の気持ちを押し付けず、話し合いで折り合いをつけていこうというKのスタンスが感じられる。K自身も豊田さんとの出会いを通して見つけたのである。自分勝手に振る舞い、力で仲間を押さえるのでなく、仲間とつながり、仲間とともに話し合いで解決していくことを。

＊　＊　＊

「6K君への不満」では、自分の意見を言わず、周りの気配をいつも探っていた良太がKへの不満を話した。豊田さんはここで、クラスの雰囲気が「不利益には異議を申し立てる」という方向に変わってきたと書いている。おとなしい良太がKに不満を言ったのだから、まさにそうだろう。最初に立てた方針に間違いがなく、それが実現してきた証拠である。と同時に、Kの問題にさらにどう切り込んでいくのか、豊田さんの実践の二つ目の大きな柱がここである。

「7Kのことの話し合い」を読み進めていくと、子どもたちの大きな成長を感じられる。まず一つ目に、子どもたちの中にリーダーが育っている点である。今までリーダーだったKに変わり、ここでは健二やあゆむが話し合いをリードしている。豊田さんはあくまでも話し合いを見守る立場である。次に、Kと学級の子どもたちの関係である。最初に述べたとおり、かなりの問題をもっているKである。しかし、そんなKを「俺は最近Kとけんかできた。～だからKは、良くなってるんじゃない」（そうた）「でもKはそんなに言わないよ。みんなで決めたことでやろうとするし、命令もそんなにしてないよ」（あゆむ）と擁護している子がいる。理不尽な力で支配された縦の関係ではなく、話し合い、ルールを決めることで問題を解決していく横の関係に子どもたちは変わってきたのである。最後に、良太の「ルール違反だから」という言葉である。他の子たちは「えっ？」と反応した言葉であるが、良太はみんなで決めたことはみんなで守ろうよという約束事を確認したかったのだろう。誰に決められたわけでもなく、自分たちで決めたことを大切にしたいという子どもたちの願いの表れである。

話し合いの最後に、豊田さんはKのことについて、その悩みを彼の代わりとなって代弁している。涙ぐむKは、豊田さんの言葉に救われたことだろう。このようにKについて豊田さんが語れたのも、今まで子どもたちの声をていねいかつ大切に聴いてきたからである。その後、豊田さんに甘えた態度をとるKにとって、豊田さんは本当に信頼できる教師（大人）として、彼を支えたことだろう。そして、子どもたちは「もっとみんなで話していればいいよね。みんなで決めれば」（健二）という自分たちが大切にすべきことを再確認する。

＊　＊　＊

K同様、かなり横暴なはやて。しかし、豊田さんはそんなはやてのことも、決して排除しない。「クラブチームでコーチに言われていることが出ちゃう」というはやての苦悩を聞き取り、はやてへの理解を深めている。子どもの行動には必ずわけがある。豊田さんは実践を進めるなかで、常にそのわけを「なぜ」と問い続けていたはずである。問い続けるからこそ、子どもたちは信頼し、豊田さんに自分の思いを打ち明けていくのである。

最後に、豊田さんの実践から、自治を育むとはどういうことかを考えてみた。それは問題があればみんなで話し合い、問題を解決するためにみんなでルールを決めることである。そして、子どもたちが話し合うこと、みんなで決めることに、喜びを感じることである。自治というものはとても時間がかかることである。しかし、だからこそ、子どもたちはその過程でかかわり合い、絶え間なく成長する力を獲得していくのである。

震災総合学習
東日本大震災からの復興～七ヶ浜を考える
～そしてFプロジェクトへ～

◉宮城県・中学校………瀬成田　実

実践の概要（対象学年・中学校一～三年生）

震災から七年近くが経つが、子どもたちに震災に触れさせないできた学校が多い。そのようななか、二〇一五年度、中学一年生（震災当時小学二年生）が、震災学習を行う。震災を振り返り、作文をとおして「友」と出会い直し、聞き取り調査で「被災者」と交流し、逆に励まされる。はじめ「嫌だった」震災学習だったが、子どもたちの心は「やって良かった」「町の復興の力になりたい」と変化する。そしてFプロジェクトを立ち上げ、地域に出かけ、語り部活動も始める。

1 実践の実際
（二〇一五年九月～二〇一六年一月まで）

(1) 第一時「東日本大震災　あの日・その後・いま」

私が学年対象に行った最初の授業である。授業途中の

【震災総合学習のねらい】……職員会議で確認

①東日本大震災のあらましを理解し、それぞれの体験に基づく思いを綴り、語る。また、「いのち」の大切さについて考える。いのち
②復興に努力する人々を知ることをとおし、地域理解や職業理解を深め、生き方について考える。学びの総合
③18歳選挙権を見据え、「社会参加」の学力を身につける。社会参加

【取り組みの概要】

1．期間…………2015年9月から2016年1月まで
2．対象学年……第1学年
3．学習内容　※総合の時間や道徳の授業を活用。26時間扱い。
　①3.11東日本大震災を振り返る1「あの日・その後・いま」（瀬成田）2時間
　②3.11東日本大震災を振り返る2　「あの日のK中」（S教諭）　1時間
　③3.11東日本大震災を振り返る3　作文「大震災といのち」（学担）　2時間
　④学習　復興に携わっている人の体験談を聞く　2時間
　「雄勝の地域復興の取り組み」～講師：徳水博志さん
　→ビデオに変更
　⑤聞き取り調査～復興に立ち上がる人々　7時間（準備含む）
　⑥聞き取ったことをまとめる　～課題・展望　8時間
　⑦発表・聞き合い　～学級→学年　2時間×2回　4時間

感想発表で、涙を流しながら祖父が亡くなった悲しみを語った子もおり、多くの生徒が自分の体験と重ね合わせてさまざまな思いをめぐらせたようだ。授業の感想から二人の作文を紹介する。

■この授業は、私たちの中にある震災を風化させぬための、恐ろしさを忘れないための授業なんだと私のなかで思いました。……私の祖母は、津波の被害にあいました。

……あの時のことを思い出すと同時に、恐怖をかみしめ、災害について考えていきたいと思いました。たくさんの犠牲になった方々のためにも後世に伝えること、この思いを忘れぬこと、犠牲者を増やさないためにも、このことをしっかり学びたいと思いました。（一組：ケイコ）

■……（ビデオを見て）お年寄りを助けようとした、いのまた先生とお年寄りが亡くなって、自分だけが助かってしまった先生の心の痛みを想像して心が痛くなりました。中学二年生の勇気には感動しました。自分の命の危険よりも目の前の命を助ける、そういった姿はとても、かっこよかったです。……平塚さんの作文には、私も祖父を亡くし、毎日涙が出たこともあり、大切な人を亡くすっていうのはこういうことなんだなぁと思いました。……変わりたいと思っても変われない自分のままでした。そんな祖父との思い出を思い出した二時間でした。（三組：ミスズ）

⑵ 第3時「作文の授業～大震災といのち」

制野俊弘さん（震災当時、鳴瀬未来中学校教諭）の実践に学び、「大震災といのち」をテーマに作文を書かせ、学級内で発表会を持った。震災後、子どもたちに「震災」に触れさせない学校が多かったなかで作文を書かせることに、私自身や同僚には不安もあった。つらい体験を思い出させるのではないかと。しかし、不安を払拭するかのように、子どもたちはしっかりと綴った。

「（避難所で）幼なじみのお母さんから言われました。『この日のことは絶対に忘れてはいけないよ』と。その頃はわからなかったけど今だったらわかる気がします」（アキラ）

「あの黒くて茶色のような波、泥、さけび声、サイレン、雪、鳴き声、いろいろ考えると頭が痛くなるけど、後世に全てはっきりと伝えます。これからも震災の授業を頑張りたいと思います」（アキコ）

私たちの想像以上に「あの日」を覚えていた子どもたち。そして、それぞれに、恐怖を覚え、しんどい体験をしていたのだ。震災授業で「あの日の記憶」が整理され、胸の内を初めて綴った子も多かった。

二クラスに親を亡くした子がいる。担任たちは、その子たちがどう書くか、もし事実をありのままに書いた場合、どう紹介するか思案していた。私は「本人が了解すれば、無理のない範囲で学級でシェアしてほしい」と伝えていた。

親を亡くしたミチコはこう書いた。

「お母さんが迎えに来てくれて、友達の家に預けられたあと、お母さんは『おじちゃんを迎えに行ってくる』と言って行ってしまいました。……次の日におじちゃんが迎えに来てくれて、いっしょに家まで行ってみると全壊していて、『お母さんが死んだ』と言われ、泣きました……私たちは、お母さんが私を友達の家に預けなければ今、生きていないので、お母さんに背中を押されて生きていると思って頑張りたいです……」（ミチコ）

ミチコの担任は、本人の了解を得て学級全員の前で作文を代読した。発表後、全員が級友への思いを書くことになり、何人かがミチコに手紙を書いた。

「ミチコにあんなにつらいことがあったとは知らなかった。それなのにいつも笑顔で過ごしていてすごいと思う。これから何かあったら相談してね。いつでも待ってるよ」（クミコ）

ほかにも数人がミチコに、同じような内容の手紙を書いた。ほとんどの子は、ミチコが母親を亡くして遠い町から越してきたという事情をよく知らなかったのだ。同じく親を亡くした隣のクラスのサチコも、班内で別の子が読むかたちで自分の体験を吐露した。

後日、二人に聞いてみた。「作文でお母さんのことをみんなに伝えてつらくなかった?」。二人からは「余計に気を遣わせたくないけど、知ってもらってなんか安心した」という言葉が返ってきた。この日の後、二人に大きな変化は感じられないが、「ミチコやサチコと級友との〝距離〟が縮まった気がする」と担任たちは語っていた。

子どもたちは、この日、封印していたあの日を初めて全員が語り、級友の悲しみや苦しみをシェアできたのではないかと思う。

(3) 第五時「聞き取り調査」

前時に徳水博志さん（震災当時、雄勝小学校教諭）の実践（五年生が名産のホタテの養殖を調べる。震災から未来の雄勝までをイメージした版画を作るなど）を学んだことにより、子どもたちは、自分たちが暮らす七ヶ浜町へ目が向きはじめる。多くの子が「のりの養殖について、もっと調べてみたい」「七ヶ浜の復興のためになにかしたい」と語りはじめた。

一一月六日、子どもたちは二四グループに分かれて町に出かけ、聞き取り調査を行った。訪問先は漁師、農家などの被災者や、消防署、社協・NPOなどの行政・支援者である。二四事業所を開拓するのは大変であったが、町教委が協力してくれ、半数以上を紹介してくれた。

子どもたちは、たくさんの宝物を手にして帰ってきた。「家も船もなにもかもなくなったが、家族が無事だったのが一番」「命をなによりも大切に」「夢を持ち続けて」……など、どのグループもかけがえのない言葉をもらってきた。

被災した魚屋さんを訪問したミチコは「同じ津波の経験者として共感できるところがあった」と語り、支援活動をしている人を訪ねたアキコは「仮設住宅に住んでいるお年寄りを元気づける活動など、一年生一丸となって復興のお手伝いをしていきたい」と語った。

仮設店舗のラーメン店を訪問したトオルは、その後友だちを誘い、何度もお店に足を運んだ。聞き取り調査をきっかけに子どもたちと被災者・町民とがつながった。

ミチコはこう書き綴った。

私は、佐藤鮮魚店に聞き取り調査に行きました。……貞子さんの話を聞いていて、同じ津波の経験者として共感できるところもありました。復興に向けて取り組んでみたいのはボランティアで、とくに、話を聞いてあげたり、土や泥の片付けや、被災した子どもたちと遊んで気持ちをなごませてあげたりして、自分がボランティアされてうれしかったことを、自分も誰かにやってあげてみたいです」(ミチコ)

ミチコは、被災者に自分を重ね、被災者応援の言葉を書くことによって自分の心を鼓舞しているように感じた。

2 子どもたちの変容

聞き取り調査の発表会を一月に実施。その後、九月から五か月に及んだ学習全体を振り返り、「気持ちの変化や成長したこと」をテーマに作文を書かせた。

■私は震災の授業が始まった時、とても嫌な気持ちでした。なんで被災したことを振り返らなきゃいけないの? と思っていました。でも、授業を通して、震災に向き合うことで、自分たちがしなきゃいけないことがよくわかりました。……忘れてはならない思い出と、この授業を伝えていきたいと思いました。(ヒカリ)

■この学習で、悲しいだけだと考えていた自分から、復興をするためにできることを考えられる自分に成長できたと思います。(テイコ)

■私は「何でこんなことするの?」と思っていました。私の知り合いが一人亡くなり、思い出したくありませんでした。でも授業をやっていくなかで被災した人の気持ちを聞き、初めて興味を持ち、今では、もっと調べてみたい!! という気持ちになりました。一年生の学習は終わりと言っていたけど、もっとやりたいと思いました。ほんとにこの授業があってよかったです。(アキコ)

これらの作文を読んだ時、私は子どもたちの気持ちの変化に驚いた。はじめの頃、この学習が嫌だったという子がいたという認識が私自身にはあまりなかったのだ。子どもたちはこの学習で大きく変わった。普段は勉強、部活、スマホに明け暮れる子どもたち。とにかく忙しい。しかし、この震災学習で、教室内外で非日常的な体験を重ねたことにより、次第に「命」や「友」を考えるようになったのではないか。何よりも、町民との触れ合いが、「町」に対して目を向ける大きなきっかけになったのではないか。

実は、担任も子ども同様、しんどさを抱えていた。ある時、担任の一人に聞いてみた。「この実践、つらくなかったですか?」と。そうしたら「自分の故郷も被災していたのでつらい面もあった」「自分自身、親や祖父を亡くした子を支えられるか不安でした……」と正直に話してくれた。担任にとっても重い取り組みだったのだ。大人も子どもも、多かれ少なかれ、「思い出したくない体験」や「心に傷」を持っていた。この取り組みで、改めてそのことにも気づかされた。

3 Fプロジェクトの誕生と活動の広がり

二〇一六年三月、一学年の有志の子どもたちによって「Fプロジェクト」(以下、Fプロ)が立ち上がった。Fはふるさと、復興、フューチャーの三つの頭文字である。七月三一日には、Fプロ初の主催行事として、生徒会と共催で菖蒲田浜災害公営住宅の入居者との交流会を実施した。住宅の役員の方々とは社会福祉協議会の職員がつないでくれた。六月、区長さんとの打ち合せのためにFプロリーダー五名が住宅を訪問して打ち合わせを実施。チラシ、ポスターを手作りし、七月一二日に公営住宅で自らポスティングをした。校内でも連日、参加を呼びかけた。出し物は、ソーラン踊りと松小(松ヶ浜小)太鼓。デザートも手作りして持参した。

当日は二七名が参加。集会室前の中庭でオープニングの太鼓演奏。続くソーラン踊りは、リーダーの三年生ナツを中心に笑顔あふれる演技を披露。入居者の方々から大きな拍手をいただく。その後、

集会室内でデザートを食べながら交流。震災当時の苦労話を語る方が多く、高齢者の話に、身を乗り出して聞き入る子どもたちの姿が印象的であった。「花は咲く」を合唱したあと、代表区長さんがこう話した。「寿命が延びた思いです」と。

その後、Fプロの子どもたちは、NPOレスキューストックヤードからの紹介で災害公営住宅でのお食事交流会に参加したり、小学校での語り部活動などを行った。語り部は二〇一七年二月に初めて実施。ミスズは、祖父を亡くした経験も交え、「小さなことからでいいので行動しましょう。あなたのおかげで誰かが救われるかもしれません」と結んだ。ケイコは、おばあさんの地域が被災したショックを語った後、「私が伝えたいのは人生は一度きりということ。一秒一秒を大切に過ごしてほしいなと思います」としめくくった。二人ともかなり緊張していたが、リハーサルで他のメンバーから「もっと間を取るといいよ」「その言葉は小学生には難しい」といったアドバイスを受けていたので、初めてとは思えないくらい堂々とした話しっぷりであった。

奇しくもこの二人は一番初めの「震災授業」で、みんなの前で泣きながら祖父や祖母の被災を語ったケイコとミスズだった。この出前授業は「一四歳の語り部、体験伝える」というタイトルで新聞で報道された。Fプロのリーダーたちが自信を深めた体験となった。

三年生に進級し、五月には、修学旅行先の東京で、町特産ののりと手づくりカラーリーフレットを配布する活動を行い、地元の新聞でも大きく取り上げられた。

4 Fプロリーダーへの指導

Fプロには、当初三〇名近い生徒が登録したが、その後、登録制はとっていない。明確な規約もない。私と子どもたちで次のような緩やかな約束事をつくって進めている。

- 活動への参加は自由。
- Fプロリーダーが活動の推進役。参加は全校に呼びかける。大きな行事は生徒会と共催で行う。
- リーダーは互選（現在七名がリーダー。チーフは二名）。
- 部活動とFプロの活動が重なるときは、顧問に事情を伝え、了解をもらう。

こんな感じである。リーダー会議は、部活動に影響が出ないよう、昼休みに随時一五分程度で開いている。

リーダーは、交流会の司会や報告新聞づくりを率先して引き受け、交流会にも皆勤賞で参加しているサユリをはじめ、話が上手な子、気配りできる子、アイデア豊富な子、じっくり考える子など多彩な顔触れである。忙しいなか、勉強や部活と両立させ、よくがんばってきた。

Fプロリーダーたちは、昨年五月に行った東京修学旅行と一年生への活動伝達プレゼンテーションでますます自信を深めた。

5 学年集団の特徴と変化

この学年の子どもたちは、小学校のときから学力が低く、家庭に困難を抱えている子も多い。暴力的な子もいて、その子をどうするかが学年指導の中心課題である。不登校になりそうな子も若干名いる。しかし、小学校のときから合唱や太鼓、ソーランなどの表現活動が好きで、楽しい活動を通して明るい雰囲気をつくってきた集団だ。

現在、子どもたちは「K中は楽しい」と口々に語っている。暴力的な子に対しても、リーダーたちがあきらめずに関わり、支える関係ができている。

ある時、一人の母親から次のようなメッセージをもらった。「娘たちの学年は、楽しむことがとても上手です。根底には無意識に震災の恐怖が刷り込まれていることがあるかもしれません。今、この時をどうやって楽しもうか全力です」と。

日々の学習や行事では、表現活動や他者との出会いなどを大切にしてきた。例えば、昨年五月に実施した農業体験学習では、地元の方との交流会で、ソーラン、太鼓、歌などいくつもの出し物を披露し、農家の方から「こんなに元気をもらったのは久しぶり」との感想をいただいた。

震災学習では、参観に訪れた大学教授から「すばらしい取り組み。学問の王道を行っている」「受け継ぎ・託すことが大事」「この町を支える大人に」など、たくさんの誉め言葉やメッセージをいただいた。震災学習やFプロの活動が、ニュースや新聞で取り上げられたり、町主催の「しちがはま環境大賞」で最優秀賞を受賞するなど、周囲から称賛されることが子どもたちの自信につながっていった。

また、すべての行事を親に開き、親との懇親会も大事にしてきた。前述の親はこう続けた。「(震災について)そのような機会と導きを与えてくれる先生方に感謝しています。ますますの活動を応援しています」と。親たちも、私たちを信頼し、支持してくれていると感じる。

ほめられ、認められて育ってきた学年。これからも、子ども一人ひとりを大事にしていきたい。

6 親を亡くした子はいま

ミチコもサチコも震災学習やFプロ活動をとおして成長している。サチコは、一昨年九月に実施した「一六歳の語り部」の話を聴く会の感想にこう綴った。

■……二人の話を聞いて、私もやってみたいことができました。それは〝語り部〟です。他人に、震災を経験していない人に、自分のことを言うのは緊張することだと思うし、語っているうちに泣くこともあるんじゃないかなって思います。語り部をしたいと思った理由は、佐藤さんがスクリーンに映した「向き合う」の字を見て、私はあんまり震災と向き合っていないような気がしました。だから、「つらくてもやりたい」と思いました。(サチコ)

そして、昨年二月に実施した「T市のカウンセラーの話を聞く会」の感想には次のように綴った。

■……「T市の未来は、俺がつくる」という言葉を見て、私は七ヶ浜にいるけど、いつかT市に帰って復興の手伝いをしたいなと、とても思いました。(サチコ)

ミチコもサチコも、Fプロ活動にほぼ皆勤賞で参加している。一年生のとき、作文に親を亡くした切ない気持ちを書き綴った彼女たちは、これまでの震災学習やFプロ活動をとおし、友に支えられ、大人たちに認められながら、ゆっくりと心を開いていっているように感じる。

サチコは、友人からの勧めもあり、昨年五月に語り部に初挑戦し、新聞でも大きく取り上げられた。ミチコも昨年夏、作文にこう綴った。「私は被災者の一人として、向洋中のFプロの一人として、本当に復興する時が来るよう、これからも震災と関わっていきたいです」と。

7 課題

課題は二つある。

一つ目は卒業後のことである。卒業後は忙しい高校生活が待っている。しかし、私は、Fプロリーダーたちが中心となり、自主的な活動を継続してほしいと願っている。女川の「いのちの石碑」のような運動とまではいかなくても、高校生たちが自主的に集まって防災に役立つ取り組みをしたり、中学生のFプロジェクトを支えるといった活動を続けてほしいのだ。

幸い、三年生のなかに、「将来NPOの仕事に就きたい」「復興に関わる仕事をしたい」とはっきりと意見表明する生徒が出てきた。また、リーダーたちも、卒業後、町の新しい交流施設「みんなの家きずなハウス」で活動を継続したいとつぶやきはじめている。町の復興やFプロ活動を支えてくれているNPOレスキューストックヤードには、一年でも長く七ヶ浜で活動を続けてくれることを願ってやまない。

サチコやミチコを同級生たちに支えていってほしいという思いもある。これらのことは、サポートしつづけられるかどうかという私自身の課題でもある。今年三月に退職するからだ。

二つ目は、震災学習やFプロジェクト活動の学校としての継続の課題である。

現二年生も一年生も、私たちの学年で行った震災学習の一部は継続して実施している。二年生は一年時、「地域学習『発見・発信　七ヶ浜』」と題し、地域に出かけた。一年生も秋に地域に出かけて学習した。地域学習は町の方針でもあるため、今後も継続していくであろうが、過密カリキュラムと教師・子ども双方の多忙のなかで、地域調査を中心とした取り組みは困難が大きい。しかし、一・二年生のなかでFプロ活動に参加する生徒が増え、新たなリーダーも育ってきている。同僚も、忙しいなか、Fプロ活動に協力してくれている。

中心になって活動してきた三年生はもうすぐ卒業する。私も、良き理解者であった校長も、生徒と一緒に「卒業」する。

震災学習やFプロの活動、そして卒業生の活動が少しでも長く続くことを願い、私自身が関わっていく決意もちょっぴり述べて結びとしたい。

◎――コメント

地域に根ざし、子どもとともに地域・社会をひらく学びに向けて

◎山梨大学………高橋 英児

1 今、震災総合学習に取り組む意味

震災から七年近く経ちながら、子どもたちに震災に触れさせせないできた学校が多いなかで、震災当時小学二年生だった中学一年生に震災総合学習を行った瀬成田さんの試みは、様々な「教育的配慮」の名のもとに子どもたちの心の傷や恐怖となかなか向き合おうとしなかった学校を変えようとする試みでもあったと感じた。

なぜなら、この学習では、「怒りや願いを表現することができる、選択肢を持つことができる、違った意見を聞くことができる」ことや、「教師や大人から適切な現状分析（アセスメント）を受けること」（基調委員会「福島につどい、子どものしあわせと教育の課題について考えよう」『生活指導』二〇一七年八／九月号）などの子どもの権利を彼らが行使することを励ましているからである。報告からは、子どもたちがさまざまな人びととの出会いと学びを通して、生きる希望と勇気を取り戻し、自分たちの地域の現実と未来に対峙しようとするまでに成長してきた姿が読み取れる。

2 震災総合学習からFプロジェクトへ

震災総合学習からFプロジェクトまでの学びの過程では、まず、子どもたち自身に震災当時の自分の体験を綴り、その体験で彼らが抱えている悲しみや思い・願いを語り合い、クラスのみんなで共有する活動から始まる。この活動では、すり込まれた震災の恐怖から逃れるために「今、この時をどうやって楽しもうか全力で」（ある母親のメッセージ）あった子どもたちから、震災後に自

ら封じ込めてきた悲しみや怒り、そして幸せに生きたいという願いが引き出されつつあることがわかる。それは、特に第三時のアキラやアキコの作文に顕著である。

次に、復興に携わっている人の体験談を聞く活動が行われている。この活動後の「(地域の産業について)もっと調べてみたい」「七ヶ浜の復興のために何かしたい」との多くの子どもたちの声からは、他地域の子どもたちの取り組みに励まされて、「今、この時をどうやって楽しもうか」という刹那的な生き方から、「この地域でどのように生きるのか」という未来を見据えた生き方を模索する動きが生まれていることがわかる。

そして、こうした子どもたちの思いを、地域の二四事業所への聞き取り調査を通して具体的に追求している。特に重要だと思ったのは、この調査活動で子どもたちは、地域の人びとが復興にどう取り組んでいるのかだけでなく、震災とどう向き合ってきているのかも聴き取り、さらに地域の人びとからの願い(「命を何よりも大切に」「夢を持ち続けて」)も託されている点である。トオルのように新たな関わりを築いたり、「自分がボランティアをされてうれしかったことを、自分も誰かにやってみたい」(ミチコ)、「悲しいだけだと考えていた自分から、復興をするためにできることを考えられる自分に成長できた」(テイコ)など子どもの作文からは、彼らが、地域の被災者との出会いに励まされながら、震災の被害者から復興の当事者として、幸せに生きることの権利の実現に向けて現在と未来を見据えて行動する主体へと成長している姿が見られるからである。

これらの活動の積み重ねがあって初めて、子どもたちの有志活動「Fプロジェクト」は誕生したと考える。

3 社会的実践主体への成長を可能にするもの

山本敏郎は、社会的実践主体として自立するとは、「自分でやろうとする」こと、すなわち、自分の意思と力で目の前の状況と対峙することであると述べ、そうした自立には、生活や発達に関わる要求、その実現の見通し、豊かな依存関係、の三つが重要であると指摘している(山本敏郎「生活指導の原理」山本敏郎他『新しい時代の生活指導』有斐閣、二〇一四年)。

この指摘に基づけば、子どもたちの一連の活動には、自分の震災体験を同級生に聴き取られ、受け止められる関係だけでなく、地域の人びとと震災体験を語り合い、地域の人びとからの願いを託される関係、また彼らの取り組みを温かく見守り応援する関係など、豊かな依存関係が十分に築かれていたことがわかる。これらの関係が支えになって子どもたちの未来の生活・地域の復興への要求が引き出されているだけでなく、そうした彼らの未来の生活・地域の復興への要求が、地域の人びとや小学生たちとの新しい出会いと関わりを生み出していることが報告には示されているからだ。

そして、子どもたちは、Fプロジェクトでの様々な活動を展開させている。これらは、彼らが、震災総合学習などで出会った地域復興に携わる人びとや友だちから自分たちの未来の生活・地域の復興への要求を実現していくための見通しを学び、それをひな形にしていることもわかる。サチコが語り部活動を「つらくてもやりたい」と決意し、さらに「いつかT市に帰って復興の手伝いをしたい」と語ったのは、Fプロでの活動によって、自分の未来の生活・地域の復興への要求を自覚し、それを実現するための自己の行動と生き方の具体的な見通しを少しずつ掴み始めているからではないかと考える。

このように、瀬成田さんの三年にわたる取り組みは、子どもたちが権利行使主体として、生活現実と向き合い、生活をつくりかえる社会的実践主体になっていくための要素が十分に備わっていたといえるだろう。

4 今後の課題――活動の二つの継続の問題

最後に、瀬成田さん自身があげている二つの継続の課題について述べたい。

第一の卒業後の活動の継続であるが、Fプロジェクトが活動を継続し、発展していくためには、さらなる働きかけが必要であると感じる。Fプロジェクトは、地域の復興への子どもの協力という活動が主となっており、ふるさと―復興という視点からの活動が主となっていると感じた。記録を読むかぎりでは、彼ら自身が復興後の未来の七ヶ浜の姿をどのように描いているのかが十分には読み取れなかったのだが、今後はさらに、子どもとして地域の復興の姿・未来構想をどう育み、次世代の子どもたちと共有していくかということが課題となる。

これは、これまでの「ふるさと」「復興」を主とした活動に、「未来」という視点を自覚した活動を展開することである。そのためにも、ミチコが「本当に復興する時が来るよう、これからも震災と関わっていきたい」と書いているが、本当に復興する時とはどういう時なのかを彼らとともに考え、語り合ってみてはどうだろうか。また、語り部活動のように、自分たちがこう生きたいという願いと自分たちの次の世代にこう生きていってほしいという願いを語る場を大切にしながら、自分たちが求める未来の地域の具体的な姿やイメージについての対話とそれらの共有の機会を持ち続けることも重要になると考える。

第二の学校としての継続であるが、他学年にも受け継がれ、Fプロ活動に同僚が協力している様子からは、少なくとも教職員集団は、この取り組みの重要性を瀬成田さんと共有しているのではないかと考える。

そうだとすれば、震災学習やFプロの意義や意味を教職員集団が議論し、その価値を確認し、そのうえでどのように継続していくかを毎年考え続けていくことを自覚的に学校のなかに位置づける必要があるだろう。なぜなら、年度を重ねていくにつれ、震災学習やFプロ活動の担い手が、直接体験し記憶のある世代から震災当時の記憶がない世代へと移行していくため、取り組みの意義や意味をその都度、子どもたちと教師たちとがともに確認していく必要があると考えるからである。

こうした作業は、地域に生きる子どもたちと大人たちが、より良い地域・社会の姿をどのように描き、その実現に向けてどう共闘していくのかを問う作業でもある。

こうした作業は、グローバル人材の育成のための「社会にひらかれた教育課程」、そのための「カリキュラム・マネジメント」を、地域の人びとの共生の世界に根ざし、大人と子どもが地域・社会の未来をひらくための「社会にひらかれた教育課程」「カリキュラム・マネジメント」へと転換する契機も持つのではないだろうか。

いまだ見えない暮らしのなかで

⦿岩手県・小学校……濱口　智

震災直後の千葉大会の時から、福島と宮城・岩手との被災状況や置かれている現状が違うにもかかわらず、一緒に並べて扱われることへの違和感を感じていたし、それを口にも出してきていた。しかし、いつもその発信についてはは応答されることとなく、今回の福島大会でも震災後はじめての被災ブロックでの大会であるにもかかわらず、そのことが放置され、大会が進められていることに違和感を覚えつつも声に出すことすらできなくなってしまっている自分を発見するのだった。そんななかでの基調提案との対話である。

❶ 福島の現状と宮城・岩手の現状

福島の現状については、基調提案以上のものを持ちえていないので、よくわからないというのが正直なところである。では、他の被災二県については、どうだろうか。

よく大規模な自然災害はそれまでの社会矛盾を増幅して示してくれる、という説を聞くことがある。岩手では、まさにそれが起こっているのではないかと思われる。東日本大震災における岩手での被害は、沿岸各市町村の臨海地域での都市機能の破壊であった。それは、臨海地区により多くの機能が集中していた市町村ほど深刻なものとなった。それを学校から眺めて一番の影響は、人的被害とそれにともなう精神的被害であり、次に住環境、さらに経済的影響などの順位となるように思う。さらにそれらは、二次的三次的な影響となっていった。

岩手県のある市では、震災前の人口が二万三〇〇〇人台だった。そして、震災により約一七〇〇人が犠牲となった。そして、人口は、今では二万人を切っている。ある学校では、子どもたちの直接の被害が七名、保護者では母親・父親合わせて数十名の被害があった。震災前に四〇〇人ほどいた児童数は、今では二〇〇人をはるかに下回っている。市の最大の産業、などともいわれる市役所の職員は正規・嘱託・臨時など合わせて百数十名が犠牲になったと言われている。

このため、この学校では、喪失体験に集団としてなかなか触れることができず、スクールカウンセラーとの個人的関係のなかでわずかに発信し、受け止めてもらうということが行われていた。震災後はじめの数年間は、校舎の窓から破壊されつくした街を見下ろしながらの授業や生活が続いた。そして、そこでは瓦礫処理に始まり、かさ上げ工事、災害公営住宅、主要道路や中心市街地の建設が、今も行われている。七年近くが経った今でさえである。しかも、その学校にはやがて市役所が建設されることが決まっており、昨年（二〇一七年）の一二月から工事が始まった。今の小学生は、工事中の状態が入学から卒業までずっと続いているのである。かさ上げ工事でさえ、いまだに続けられており、三〇センチごとに行われる転圧作業は、周囲にまるで地震の初期微動のような振動を感じさせ、そのたびに震災の地震が思い出され、怯える日々が続いている。震災直後の津波が破壊しつくした町に立った時、「まるで激しい戦争が行われた後のようだ。大戦の時、空襲を受けた我々の上の世代の気持ちもこうだったんだろう。もし、いつか核戦争が起きた時に被災地に立てば、こんな感じなのではないか？」と思った時のことを思い出し、怯えるのである。

これだけ長い年月がかかっているのは、いろいろな要因があると推測される。二割以上が犠牲になり機能を回復しきれていない、またはもともと大規模な災害には対応しきれない市役所の体制。オリンピック等による資材の高騰と入札不調。土地所有者不明による混乱等々が我々の耳にも入ってきている。

これほどまでに長い年月経った今日でも、大切な人たちを失ったダメージは、ずっと続き、人によっては、増幅させられているのである。そして、そのように傷ついた大人のなかで、子どもたちは、幼少期から少年期を過ごしてきているのである。

もちろん、共通点もある。特に、基調のなかで触れられている「原体験の喪失」という事態は、岩手の子どもたちのなかにも進行している。いまだ完成していない防波堤の工事により、海に近づけない。高台工事により、山にも近づけない。さらに、工事がずっと続いていることが日常化しているので、もともとの道路のキャパを超えた状態が安全に疑問を抱かせ、なるべく家のなかで遊ばせたいという保護者の思いとなっているからである。

これらの状況から、基調のなかで一番驚いたのが、「失いたくないもの」を五つ書いてそれを捨てていくという授業である。岩手でそのような授業をすると、間違いなく激しい批判と非難にあい、信頼関係を損なうと思えるからである。授業の意図が捨てられないものがあるということの自覚であるとしても、現実の世界であまりにも多くのものを失わざるをえなかった子どもたちに、たとえ仮定の世界でもさらに捨てていくことを促すというのは、つらい体験に再度さらすことになりかねないからである。

❷ 岩手の現状から考えて

前項で触れた社会矛盾の増幅という問題について、岩手の現状から考えてみたい。

震災直後の岩手県、それも自分が勤めていた学校のある地区の動きは、過疎地区ではあるが、「共助」と一般的に言われるような地区のコミュニティーの動きが生き延びることにつながっていた。学校に避難してきた人たちのなかで食事を用意するグループがすぐに結成され、被災したその日のうちに夕食としておにぎりが学校にいるもの全員に用意された、次の日には、トイレ掃除や物資運びなどの役務を分担して避難してきた人たちだけで自治的に運営された、等々である。

ところが、仮設住宅に移り、やがて災害公営住宅ができ、自主再建や高台移転をする人たちの住宅ができてくると、だんだん格差や思いと現状との乖離が大きくなってきたように思う。また、震災前に地区にいた人たちのなかで、地区のリーダー的な役割をしていた人たちも多数亡くなった。その影響が目に見えないかたちで進行していった。

もともと人口の減少による影響や社会格差の影響があったところに、これらの要因が加わり、問題を増幅しているように思われるのである。

ある小学生は、家業が今後、この街で成り立っていくのか大きな不安を抱えており、人口が減っていっているなかで、到底家業を続けていけない、全国的な大手や地元の中規模なスーパーマーケットとの競争には勝てるわけがないと口にしている。

また、詳述はできないが、震災時に乳幼児期を過ごした小学校低学年の子どもたちの間で、さまざまな問題が起きている。また、中学年は中学年なりに、高学年は高学年なりに、子どもたちの問題が、周囲を巻き込みながら、繰り返し起きている。

それらの原因が、社会的矛盾や地区のリーダー不足などによる背景を持ち、復興にともなう地域のコミュニティーの崩壊にもよるのではないかと思われる。

震災直後、そこらじゅうで焚き火をして暖をとり、その火の周りでお互いの傷を癒しあうように談笑している光景があった。仮設住宅が完成してからも、それはしばらく続いたが、そういう焚き火は、連帯の一つの風景だったのかもしれない。七年近くが経ち、孤立化が進み、バラバラになってきているのかもしれない。

❸渦中にあって

福島の人たちもそうだと思うが、今まさに被災地にいるという感覚がずっと続いているのだと思う。そして、自覚的に整理不能・分析不能状態であることを悟っているのではないだろうか?

今回の大会を東日本大震災の被災県でやったことは、大変意義のあることだと思う。しかし、被災県で今まさに子どもたちと接し、保護者のみなさんと接していると、近すぎて見えないことがたくさんあるように思う。

阪神淡路大震災の時、さまざまな言葉が生まれ、子どもたちの状態が語られてきた。

実は、大会が行われることにより、その自分たちの状態が、たくさんの全生研仲間によって分析され、自分たちの置かれている状況が可視化されるのではないかという期待を持っていた。

だからこそ、七年近く経ったこの岩手の状態が、語られることなく、さまざまな新しい言葉によって定義されることなく、過ぎ去っていったような寂寞《せきばく》感が、違和感の正体だったのではないかと思っている。

もちろん、その責任の一端は、自分にもあると感じている。この駄文のなかでも、「書けないが」というくだりがある。被災地におけるリアルな現実を発信しないからこそ、全生研の仲間もそこに気づくことなく、分析も言語化もできないのだということであろう。

また、自分が住んでいる地域のなかで、地域集団づくりにのめり込んでいない実態もあると思う。

震災当時、自分の息子が小学四年生であったこともあり、学童保育の保護者会を通じて、地域の保護者の人たちとさまざまなことを語り合い、何かがつかめそうになったことがあった。その時に、連帯する相手を見極め、ともに地域づくりに方向性を見いだせていれば、もっとできたことがあるはずだという気がしてならない。

❹ これからできること

前項の最後に触れた学童との関係は、今まで県連協や地域連協の役員として、それらの運動を進めていくことが、地域生活指導になると思いやってきた。しかし、行政との折衝やイベントづくりのなかで疲弊し、自分が力を発揮する方向を見誤っていたと感じている。息子も高校二年生になり、今年度からは、地域連協の役員も降りることができた。幸い、今勤めている学校の子どもたちの問題をこの学校に設置された学童の指導員さんたちとともに取り組むことのできる環境にいる。

あと三年ほどで定年に達する年齢であるが、周りにいる教師たちと連帯し、指導員さんたちとも連帯し、ともに子どもたちの実態を分析し、生活指導をともに行える環境にあるということにもっと早く気づくべきであった。しかし、今からでも遅くはないと思う。

ただ、情報を交流するというスタンスではなく、ともに何ができるのかを考え、学力問題で教師が疲弊しきっているのであれば、学校に上意下達が浸透し、できていたことを奪われているのであれば、基調提案にあるように、学校の外の専門家・諸機関との連携・協働を進めることにより、自分たちにできなくなった生活指導の一端を担ってもらい、子どもたちが被災地の自分たちの置かれた状況を発信し、さまざまなかたちで応答する他者と出会う機会を提供していくことができるのではないかと思う。

なぜならば、今まで話したこともなかった、配置されたこともなかったスクールカウンセラーとも子どもたちの話をたくさんしているし、前述した学童保育の指導員さんたちとも良い関係を維持しているし、さらに行政のなかにも「仲間」と思える人も見いだしつつあるし、その他さまざまな人たちとの交流は、震災後爆発的に広がっているからである。

❺ おわりに

目の前の子どもたちで、自分たちの要求から未来を考えている子は、とても少なく感じている。自分が学校体制の都合から、担任を持てなくなっているだけに、余計に歯がゆく感じている。しかし、担任を持っていたとしても、現在の日本の学校の体制に飲み込まれるのは間違いないとも感じている。

そんななかで、今の立場や、残りの時間のなかで、何ができるのかを考えさせてくれたこの基調との対話という特集との出会いになった。

老若男女の生研会員を含め、今の日本の教師で疲弊しているものは大変多いと感じる。自分の職場では、さらに被災地域という要因も加わり、大変疲弊している同僚が多いと思う。

そんな職員室のなかで、発信し応答しあう存在となり、さらに関係する外の人たちとも発信し応答するものとして、あと数年の教師生活を送りたい。

基調との対話

震災後六年、どこへ、そしてどのように

⊙福島県・中学校……山藤　智矢

❶はじめに

震災時に中二を担当していたが、その子どもたちとは、三年になって総合の時間を使って原子力発電についての学習を展開した。私たちの生活に起こった事実の深刻さと自分がまったく原子力発電について知らなかった反省もあって、その歴史、仕組み、問題点、他国の様子、そして今後のエネルギー資源のあり方を問い、討論させ、一人ひとりに考えを持たせた。どう進めばよいのか、子どもたちといっしょに考えた。この実践をその後は行っていない。今、目の前には震災時小学校二年生だった子どもたちがいて、どうこの震災を扱ったらよいものか、何が必要なのかがはっきりしなくなっている。

基調はどんなヒントを与えてくれるのだろうか。今年の全国大会には、自分が今どのような立ち位置にあって、今をどう見つめたらよいのか、そして子どもたちとどのような学習をつくっていけばよいか、そんなことを求めて参加した。

もう一つの問いは「復興」である。震災後、三年ぐらいは一〇代後半の子どもたちは「君たちは復興の担い手だ」のような言葉をかけられていた。その復興とは何なのか、どうなることが復興なのか、ずっと疑問を持ち、目の前の子どもに復興の担い手だなどと言葉をかけては来なかった。原発の廃炉処理のためには膨大なお金と時間がかかり、それを背負わすだけではないのか、だいたい原発を認めたのは大人の私たちではないか、そう思うと、とても福島を復興させるのは君たちだなどと言えなかった。その復興とは何かを基調は教えてくれるのだろうか。

❷ 変化　震災時と今

私たちの住む町の北に位置し、海沿いの地域を相双地区と私たちは呼ぶ。そして相双地区の子どもたちが、もともと住んでいた町の住所のまま、避難先としてこの町を選び、その住居の近くの学校に通学している場合、その子どもたちを「九条の子ども」と私たちは呼ぶ。九条というのは学校教育法施行令の九条の市町村単位での区域外就学について述べられた条文のことを指す。出席簿や指導要録に記入することから、この九条という言葉が使われはじめた。震災の年、三人が中三の六月に転入してきた。三人の九条の子どもに持った印象は「なんと気の毒な子どもたち」だった。住む家がなかなか決まらなかった数か月を過ごし、やっと落ち着き先が決まり、学校が決まった。そんな子どもたちに新しい学校で部活はどうするか、修学旅行はどうするか。この学校でいい思いをさせたい、そんな思いが学年の教師のなかにはあった。

翌年、転勤した。市内の学校では避難所になった学校もあり、転勤先は体育館が避難所になった学校だった。そこでは幼い子どもを抱えている教師が避難した一方で、学校に残り、対応に追われた教師たちがいた。教師たちは避難所となった体育館でのサービスを連日求められ、当時をふり返る話題になると、かなり大変だったことがうかがわれた。そうした日々が避難した教師に対する不信感もまた募らせていた。体育館で支援活動に参加しなかった職員を良く言わないのである。職員室のなかではそういうことが起こっていたのだった。

そして六年が経ち、目の前の九条の子どもたちは私たちにどう映っているか。相双地区では、町ごとにその後のあり方は違っているようなのだが、私たちにとってはひっくるめて相双地区の人たちであり、彼ら家族は経済的援助を受けてこの町で暮らしていると思っている（実際には広野町はその年の九月には援助はなくなったと聞いたが、そのこともあまり知られていない）。ここ二、三年で新しい町への転入という家庭の場合は、援助による経済的な保障をもとに新居を構えてというケースが多い。そして、彼らの暮らしぶりに地域や家庭訪問をした教師の声は驚きにあふれている。もちろん、すべてというわけではないが、その驚きには妬みが含まれているとも感じている。さらに避難解除になっているのにもどらず、ここにいるのはなぜ？という問いも、生まれている。子どもはかなりの割合で不登校になっている。学級や学年でちょっと違和感がある子だと九条の子？という問いが出てくる。また、不登校になっている子どもたちの親と話をすると、子どもに向かって親の気持ちや考えを言いきれない親の態度や、ちょっと与えすぎではないのかという親の姿、心配しすぎではという親の不安に出会う。なかには被害者に対してもっと学校は何とかすべきではないかというような態度で迫ってくる親にも出会う。なぜ責められなくてはならないのか、そんな問いも当然出てくる。津波で家を流されてここにいるのか、原発事故の影響でここにいるのか、実はわかっていない。このままでいいのか、前に進まないといけないのに。どこへどう進めばよいのか、ただ高校へ進学させればいいのか、こうした迷いがある。

❸ 基調と照らし合わせる

(1) 教師のいらだちを乗りこえる

報告Ⅰの「3　子どものしあわせに、いかに責任を負うのか学校福祉の視点」は九条の子どもたちに感じているいらだちや迷いが起こっている背景を教えてくれる。

「震災から三年過ぎる頃から、人びとが持つ生活の修復力の未回復が際立ち、それを『不登校』『いじめ』『子ども虐待』といった用語で震災後の教育課題として取り上げ続けた、これらは子どもたちの生活課題にしっかり寄り添ったものではない」のに、そして震災前の普通の学校生活、つまり「被災によって浮き上がってきた人々の生活課題が、通常のカテゴリーになっていくこと」を求めている教師であるがゆえに、通常のカテゴリーに収まらない不登校の子どもたちにいらだつのだ。そしてこの教師のいらだちは「5　障壁を越える支援の想像力」のなかに述べられている「震災後、学校を日常に戻すことが、子どもたちには『大人の言うことを聞く』『勉強する』『がまんする』と聞こえていたのではないか」につながる。

言い換えれば「大人の言うことを聞いて、勉強して、がまんして」震災前のようにあれと求められた子どもたちは、それができないで不登校というかたちで答えているのに、以前と同じように教育活動を進めたい教師が、保障も進み、もう震災は終わっているのになぜなのだ、といらだっているのだ。しかし一方で、やはり震災の影響で子どもたちは抱えるものがあってこうなっているのではないか、だとしたらどうしたらよいのか、という迷いもあるのだ。

ここを乗りこえるためには報告Ⅲの「主権者」と「応答する主権者」という言葉で言い表すとしたら、不登校というかたちで申し立てをしている彼らに「応答する主権者」として教師がいるかということになる。そして「応答する主権者」としての教師に求められるのは、彼らの無言につきあいながら「先生はこう考えるけど、その考えについてどう思うか、言えるか？　言ってほしい」、こんな問いかけをし、彼らの怒りや願いや大人への批判を聞くことではないか。いや、もしかすると子どもたちは、仲間や教師に一緒に異議申し立てをする側に立ってほしいと求めているのかもしれない、とも思われてくる。

(2)権利を軸にした学びを

「どう生きるのか。震災禍のなかでなぜ勉強するのか。何を勉強するのか」という子どもたちの問いかけに対し、応える機会と時間を逃してしまっている今、どんな学びを考えていけばよいのだろうか。

報告Ⅱには実践が紹介されているが、その最後の「③風評や分断を乗りこえる言葉を紡いでいこう」に述べられている「川で遊べない子どもたちやドングリを拾えない子どもたち」を「原体験を喪失している子どもたち」と言い換えているが、それは英語の授業のある部分を思い出させた。それは授業のなかで現在完了形の応答練習で「海で泳いだことがあるか」の問いで、そのやりとりをしていたときである。「そうだ、この子どもたちは小学校三年から海には入れなかったのだ」と気づいたのだ。そして太平洋に面するこの町で砂浜に寝転んだり、砂に埋まったり、波に漂ったり、などということは当たり前にできることなのに、この子どもたちは海で泳ぐ権利が奪われていたのではないかと、疑問を持ちながら授業を進めたのを思い出したのである。

問題は子どもたちが川で遊んだり、ドングリを拾ったり、海で泳いだり、それらを権利だとは知らずにいること、そして教師もまたそれらが権利だと知らないということだと思う。こうした現状は報告Ⅲの「応答する主権者を育む」に「実情は子どもたちに『権利に気づかせない』教育が網の目のように張り巡らされている」と述べられている。

では、どんな実践が考えられるか。まず、「海で泳ぐは権利か」から始まり、そこで権利とはどういうものかを明らかにしたり、また「権利が奪われているとしたら、なぜそう思うか」「その考えをどう思うか」「では、なぜそれが奪われているのか」と討論したりする学習から始めるのはどうだろうか。子どもたちとともに当時や今の状況を権利を柱にして考え、述べていくような実践が考えられる。

(3) 教師間の不信を乗り越える

先の小さな子どもを抱えて避難した教師に対する不信が起こった職員室についても「学校福祉の視点」は権利という視点でどうあればよかったかを示してくれている。「避難する権利を認め、その『する』『しない』ともに支援すべきだとする「原発事故子ども・被災者支援法」(二〇一二年)もまた未発のままである」という部分は、「避難する」「避難しない」もまた権利であることを教えている。しかし当時、教師の避難について職員室では公には語られていない。権利だなどと誰も思っていなかったのである。いや、いまだにそうである。

この職員室で起こっている事実を報告Ⅲの「集団において民主的に物事が決められているならば、異議申し立てをするメンバーが現れた時、他の成員はその異議申し立てに応答する責任がある」と述べられた部分に照らし合わせて読むと、避難した教師は、こっそりと避難し、もちろん校長には伝えただろうが、職場のなかできちんと話し合いがもたれていなかった、つまり民主的に物事が決められている場ではなかったことになる。当然ながら、応答する個人が誰もいなかった、あるいは応答することが認められなかったということである。教師たちはみな、主権者でも応答する個人でもなかったのである。

そして教師たちは「こういう状況なのだ、この学校に勤める教師として支援にまわるべきだ」という枠のなかに収まることが当然で、枠組みの変更を主張してもよいのだなどとはさらさら思わず、「協調性がない」「そうムキにならず」という側に立ってしまっていたのだ。主権者としての教師、応答する教師のいる民主的な職場づくりがなければ教師不信は乗り越えられないということだ。

❹「復興」をイメージさせる三浦氏の言葉

相双地区で農業を営む三浦広志（ＮＰＯ法人野馬土《のまど》代表理事）は、現地企画の報告のなかで「復興」のイメージをつかませてくれる話をしてくれた。農業を再開するに当たって土地を整備しながらその作業中に「これって、俺らが悪いんじゃないよね。ここまで俺らがやったら、この後は向こうが保障すべきだよね」と思ったという。そして、こういう声を拾って、農家をつないで、発言にし、要求にし、交渉していくのだと言っていたのだ。事実を積み上げ、今後のリスクを減らすために交渉していくのだとも言っていた。そして、それを決して一人ではやらないと言っていた。こうして賠償の基準を変えさせる交渉を続けているという。

また、「なぜ放射能汚染のある福島で農業をやるのか」という問いに「危険じゃない福島をつくるために農業をやっている」と答えた。「この地域で『福島』を見ることは『日本』を見ることになるし、だいたい原発から五〇〇キロ離れた安全な地域に住もうと思ってもどこかには原発があってそんな場所はない、つまりどこへ逃げても同じ、だったら福島で」と言っていた。さらに、賠償の基準を変えていく交渉を続けるなかで彼は、「東電はやめればいいのに、やめられない。なぜなら廃炉作業があるから。そして、国の下請けの立場であり、保障の責任は負えない。責任は国、日本。そして、その日本は政策がない国で、戦わないと変えられない国で、許しているとたたかれてしまう」という認識を持ったという。彼は日々の交渉や生活、農業という営みのなかで東電の立場を理解し、国の有りようを認識し、地道に同じ農業を営む仲間といっしょに交渉し、基準を変えていく取り組みをしているのである。こうした取り組みの支えているのは農業を営む洞察力だという。農民がものをつくっているのではなく、土と太陽がつくっているのであって、その変化を見逃せない、そのための洞察力が大切なのだという。

三浦氏の取り組み方に『復興』への道筋があるように思った。「権利主体」として行動している三浦氏がいて、彼は農業を営むなかで「加害性」がどこにあるのかとらえ、「被害者の権利」と「被害者の自立の筋道」を提起していると感じたからである。

集団づくりの道具箱

集団づくりの道具箱 1

集団のなかにいるかけがえのない子どもたち

◎富山県・小学校……山田 太郎

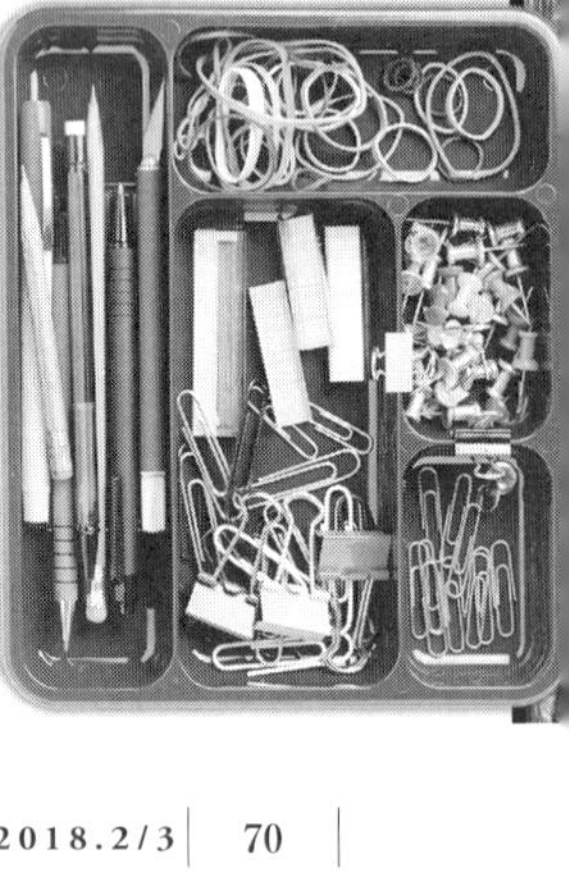

1 話し合うのはなぜか

学級には、生活背景が異なる、かけがえのない子どもたちが数多くいます。また、子どもたちは一人ひとり、思いをもってくらしています。そのため、何かを話し合うことには、時間がかかります。しかし、話し合いの結果以上に、その話し合った過程そのものが、お互いをわかり合おうとするための最大の手段であると思います。相手のことなんか、どれだけ時間をかけてもわかるはずがない、わかりっこない。でも、仲間のことを、自分事として必死に考えようとする学級は、あたたかい集団であると思います。

毎日毎時間というわけにはいきませんが、このようなことを思いながら、これまでの取り組みのなかから二つの出来事を紹介します。

2 実践①小学校三年生 学級会

学級目標にある「仲良く」を具現化するため、お楽しみ会チームがみんなでなにをしたいのかを提案しました。その際、「こおりおに」と「ドッヂボール」のどちらにするかという議論になりました。多数がドッヂボールに賛成するなか、議長が多数決を提案。しかし、藤田さんが挙手し、そのまま話しはじめたのです。

「わたしは、ドッヂボールでもいいと思います。でも、休み時間にいつもやっていても、わたしは当たって外野に行ったら、そのまま戻れずに終わってしまいます。こんなことを思っている人、他にいませんか。わたしは、みんなが楽しめたらそれでいいんだけど」

教室内が静まり返り、ドッヂボールが得意な奥林君が次のように言います。

「なら、時間で決めて二つともやれば？」

この発言に、二二名の全員賛成となり、集会ではどちらもやることになりました。

3　実践②一年生　生活科「しゃぼんだまであそぼう」

大きなしゃぼん玉を作るために、工夫して液を作っている下村君がこれまでの取り組みを話します。聞いている仲間からは「教えてよ」「知りたい」と言われますが、終始「教えられない」と答えます。そこで私は、「どうして教えられないのに、みんなにこの話を言おうと思ったの」と聞きました。すると、下村君はこう言いました。

「何度も家で練習して、おばあちゃんにも教えてもらって、やっとできたのね。すんごくうれしかった。やっとできたから、だから言えない。でも、うれしかった」

しかし、これを聞いた、中井さんは、「クラスの目当てができることを増やそうだから、みんなでできることを増やしたいから、教えてよ」と言い、中村さんは「教えてよ。みんなでうまくなりたいじゃん」と話す。一方で、河原君は、「おれも、わかる。そんだけやったら教えたくないよね」と話した。

4　二つの実践から考えたこと

発言者である藤田さんや、下村君の思いを自分が本当にわかろうとしていたのかを考えさせられました。どうしてそのようにしたかったのか、もっと考えたい場面でした。また、聞き手である奥林君、河原君などは、なぜそのようなことを言えたのでしょうか。さらには、考えていた多くの聞き手の子どもたちはどのように思っていたのでしょうか。

これまでは、「まずは集団の指導ありき」と思っていました。しかし、目の前の子どもたちの思いに触れた瞬間、一人ひとりの思いを大切にし、具現化されるように励ましたり、支えたりしていくことも大事にしていかなくてはならないと思いました。

集団づくりの道具箱 2

部活動を相対化する！

◉京都府・中学校……水沼　耕平

1　部活指導は教師にとって楽しい？

部活指導が過重な教師の負担になっていることが話題となっている一方で、部活指導こそが教師としての楽しさを味わえる貴重な機会となっています。三年間の長い時間を生徒と共有し、指導していくなかで、関係を深め、日々の指導を積み重ね、大会で結果が出ればなおさらのことです。しかし、このことは諸刃の剣でもあります。部活指導が学校教育のなかで役割を担い過ぎると、教師はその枠組みのなかで大きな負担を強いられます。また、部活動の一体感は、その集団状況についていけない生徒にとっては息苦しいものになる可能性もあります。

2　私の部活実践　～Aくんの涙～

私の勤務する地域は三つの中学校があり、学校選択制が導入されています。市の中心校であるA中学校、サッカー指導が盛んなB中学校、そして私が勤務するC校です。意欲的な生徒はB中学校に流れるので、勤務校に集まるのは未経験者やそれほど技術が高くない生徒が多いです。

普段から、部活動における自治を追求しています。練習の頻度や練習内容、試合のスタメン、試合の運び方にいたるまで、リーダー中心に話し合わせて決定していきます。週一回発行の部活通信や、平日一日のオフ、土日の活動はどちらかの午前か午後のみ、朝練は原則やらない！など、負担がかかりすぎないように配慮しています。

勤務して六年。これまでなかなか成績を出すことができませんでしたが、課題の大きな生徒を抱えながらも彼らを排除しない部活動をつくってきたこと、そして、ドロップアウトする生徒をこれまで出さなかったことなど、自分のなかでこだわってきたことがありました。今年のチームは地域の大会で勝ち上がることもあり、春の大会でも勝ち進みました。この大会では、目先の勝利に目がくらみ、三年生一六人全員に出場の機会をつくることができませんでした。準決で敗れた後、出場できなかったAくんの涙があり、この涙が妙にひっかかりました。

三年生最後の大会。相手は強豪の私立中学校。これまで競り負けてきた相手です。リーダーの四人の幹部会議で話しました。一人ひとり出場時間は異なるが、三年生を全員出場させたい。幹部はOK。三年生一六名を集めたミーティングでもこのことを確認し、決定しました。

大会当日。予定どおりベンチメンバーをまず出場させました。短い選手で五分。その五分を思いっきりプレーしようと話しました。残念ながら試合には敗れましたが、全員を出場させたことを後悔する声は選手からも保護者からもありませんでした。

3　変化する保護者のニーズ？

夏休み中の三者懇談で、生徒の保護者が部活動（バスケ部）の不満を口にされました。「自分の子は一生懸命に部活に参加してきた。しかし、自分の子をふくめて三人の三年生には最後の大会で一度も出場の機会が与えられなかった。このことで保護者のなかにも（自分の子が）『試合に出られた保護者』と『出られなかった保護者』で亀裂があった」という内容です。

その保護者が引き合いに出したのが、サッカー部の最後の試合でした。他の部の保護者の間でも話題になったそうです。「試合を全力で闘いたい」という思いと「みんなができるだけ平等に試合に出場する」という理想の折り合いを、どうつけるかという問題をリーダーと話し合ったことが良かったのだと思います。

勝ちにこだわることも、試合に出られない子の気持ちを考えさせることもとても大事なことです。勝利至上主義のもと、顧問が絶対的な価値を提示するのではなく、生徒とともに悩み考えていくことが今の私には楽しいです。

集団づくりの道具箱 3

成長しない子どももなんていない

～保護者と手をつないで～

◎岡山県・小学校………松村　輝美

担任が家庭に電話で連絡しているのをそばで聞いていて、「これは危険だな」と感じることがある。「こんな問題を起こしました」という連絡を、毎日のように入れていたり、「こうしてほしい、あれは止めさせてほしい」と、こちらの要求ばかり訴えていたりする時だ。なかには、どう聞いても、愚痴にしか聞こえない場合もあるから、いったい何のために電話しているのだろうと思ってしまう。そんな電話連絡では、保護者とつながれるわけがなく、そんな学級は、きまって集団づくりもうまくいかなくなる。

そんな学級の担任を、次の年に任されることが多くなった。家庭訪問に行くと、決まって、

「些細なことで、職場にまで電話を入れないでほしい」

「うちの子が問題を起こすと電話があるが、うちの子も被害を受けているのに、それについては連絡がない」

「発達障害があるとわかっているのに、何も配慮をせず、問題を起こすといわれても……」

と、家庭のほうから、先に心のシャッターを下ろされてしまう。学校や担任に対して、信頼を失っているのを感じてしまう。

そこで、まず私は、時には体をはってでも、子ども同士、相手にけがをさせるようなことはさせない。持ち物がそろわない子どもには、できるかぎりこちらで用意しておく。できるかぎり、そういうことで、家庭に電話を入れることがないようにしている。子ども同士、正々堂々と言い合いをさせ、話し合う集団に進化させていく。スモールステップで、子どもとめあてをつくり（時には、保護者とともに）できたことをみんなで認め、讃えあう。小さくても、成果を上げることで、信頼は取り戻せる。うまくいかないことには、保護者と一緒に頭を抱えてあれ

これ考える。時には、専門機関とつながりながら、その都度、必ず、保護者といっしょに何か小さな作戦を立てるようにしている。

私も、子育てでは悩んだことがある。息子の連絡帳には、毎日のように、担任から息子のやらかしてしまったことが書いてあった。私には、親である私が責められているとしか思えないので、心の余裕を失い、思うようにならない息子に腹が立って、つらく当たってしまった。親の私にできることは、息子にとうとうと言って聞かせ、時にはげんこつを入れることぐらいだったが、それは、親子の関係を悪くするだけで、当然、何の効果もなかった。

息子のことでは、学校以外にもいろんな機関にお世話になった。そして、そこで言われた言葉が、その後の私の子育てを支えてくれた。

「お母さん、よくがんばっているね」

「彼の特性がわかったのだから、これからは彼に合う方法を探っていきましょう」

「お母さんの愛が足りないわけではないのです。彼の、愛の受け止め方が独特なのです。どうすれば、彼にお母さんの気持ちが伝わるか、いろいろとやってみましょう」

「お母さんがキーマンですよ。今は苦しいけれど、彼にはあなたが心の支えなのです。何があっても変わらずそこにお母さんがいる。それだけでいいのですよ」

そして、子育てに行きづまった時に、いつも思い出していた言葉がある。

「この世に、成長しない子どもなんて一人もいません。一〇年後、二〇年後の息子さんが楽しみですね」

今や、その息子も、三人の子どもの親になり、子育てに奔走している。

書評

中野譲著『地域を生きる子どもと教師』（高文研、二〇一七年）

教師というしごとが私を「救って」くれるのか

◉熊本大学……白石　陽一

本書は、タイトルのとおり「地域を生きる子どもと教師」の物語である。「川」や「農」を介して、子どもと教師が、地域の人々・祖父母と学校が、影響を及ぼし合いながら和解と成長を遂げていった物語である。本書には、教師を信用しない子どもと「ダべり始める」きっかけづくり（例えば、一一三頁以下、一七一頁以下）、突発的事態への対応（「アクシデントは子どもにとっての栄養剤」（一二七頁））、農の体験を意味あるものに高めるために行う「仕事後のおしゃべりタイム」（九八頁）など、ていねいに読み解くべき観点も満載である。

だが、私に与えられた紙数は少ない。また、本論は「書評」であるから、内容を要約して推薦するというタッチは採用しない。そこで、私個人が読みとった視点を「命への敬意・関心と教師が救われるとき」という一点だけに絞りたい。そのさい、「地域」「社会」「自己」「他者」「生活」「参加」という用語をできるだけ使わないかたちで批評を試みたい。ある主張をよりよく理解するためには、作者とは「別の」用語を作者の発想の「外部から」導入する方法が効果的だからである。（以下、敬称は省略。

漠然とした用語しか思いつかなくて申し訳ないのだが、「命」への敬意・関心とは、「土」「水」「川」「作物」などに対する、あるいは「農」全般に対する中野譲の思い入れの強さを私なりに表現したものである。子どもの心身が「荒れ」ており「荒《すさ》んでいる」からこそ、その「荒れ」とは対極にある人類の営みにふれることで「荒れ」を鎮めよう、「荒れ」をこえていこうという意図が感じられる。人が自分の不満や憤りや怒りを手放し、消していくためには、今自分が不満を抱いている〈現実以上のもの〉に出会い、今までに〈自分が見たこともないもの〉を見るしか方法はないだろう。たとえば、いじめをこえる楽しさを学校につくりだすことがもっとも根源的ないじめ対策だ、というふうにである。

中野の命や農への敬意は、以下のような表現のなかにうかがえる。「畑は友達との関係まで示唆してくれた」（三五頁）、「手に土の感覚は特別だと思う。……生物として、理屈抜きにぞわっとする瞬間だ。土に自分の感情が浄化されていくような感触だ」（一七七頁）。

中野の自然観・生活感をうけとった子どもは、以下のような印象的な言葉を生み出す。「土をたがやしてさわってみる。土がモクッとする。とてもきもちがいい」（三七頁）。

子どもが自然に、土に、水に、体をあずけていくようすを中野は、以下のようにすくいあげている。「身体を土にあずけたような遊び方だった」（三一頁）、「身体を川の中に伏せてねそべった。……まるで鯉の滝登りをするかのように流れに身をまかせた」（七七頁）。

だが、中野の実践は、ふつうの教師が模倣することは困難である。こう考えた私は、以前「野菜づくり」の実践を批評するさいに農業高校の教師の助言を求めたのだが、そのときの回答は、こうである。この先生の「農」に関する知恵と技能は「家庭菜園」のレベルをはるかに超えている。農家の知恵をひきつぎながら「自給自足」できるレベル、あるいは「道の駅」に有機野菜を出品できるレベルである。

おまけに、私の成育史には〈第一次産業〉の体験はないし、私の研究史には「地域」概念はない。この私が〈地域と自然と農にふれる〉ことで「荒れ」を克服できる、〈ほんものにふれる〉ことで「学び」への意欲を喚起できる、とスローガン的に推奨することは無責任な言い方になり、私の良心を裏切ることになる。では、私に批評できる材料があるのだろうか。

話が飛躍するかもしれないが、私は、「限界集落」という「後ろ向き」の言説にたちむかう人々の知恵と覚悟と希望を、中野の実践に重ねてみたいのである。たとえば、「地方消滅」は経済問題ではなくて「心理」の問題だ、と言ったのは山下祐介（地域社会学、環境社会学専攻）である。彼の主張の一部を要約すると、以下のようになる（山下祐介『地方消滅の罠』筑摩書房、二〇一四年）。

自治体消滅、地方消滅などを語り続けるならば、「人口減少が進めばこういうことが起きる」という論調になる。言葉の罠や論理の罠に気づかないことが、私たちの不安の正体なのかもしれないと考えるなら、これは「心理戦」である。人々の意識は「なにくそ、負けるものか」に向かわずに、「仕方がない」「どうしようもない」に傾く。この悪循環を断ちきることが、この種の問題を議論するときの最大の課題なのである。成長、集中、経済重視、雇用を増やす、効率化する、総じて「選択と集中」という掛け声をよく耳にする。だが、「どうせなくなる地域だから……」という雰囲気になると、「みんなで」何かを選び、「みんなで」豊かになろうという発想はうまれてこない。

たとえば、「限界集落」といっても、盆と正月には多くの人が帰省する。交通機関が発達している今日、地方と都市が完全に切れてしまったわけではない。都市と農村、この両方が存在するからこそ、豊かな日本があり得るのだ。雇用と経済だけの尺度で地域を評価するならば日本の国力を殺《そ》ぐことにもつながる。「道はひとつではない」ことを知り、示していくことが必要なのである。

山下の論と中野の実践を重ねることで私が言いたいのは、どんな実践においても「大きなこと」を描けないと「小さなこと」に専心する気力が湧かない、ということなのである。曲がりなりにも「理想的なるもの」をもたないと、「日々の」実践に勤《いそ》しむ意欲が生じない。経済や効率という一つの尺度に対して大勢の人が迎合するならば、「○○ならでは」という唯一無二の価値は見向きもされなくなる。そのときの個性とは、単一尺度のなかでの序列が上であることを言い替えたに過ぎない。それに対して、農に内在するアクシデントや偶然や不条理や「かけがえのなさ」が人の成長に果たす大きな価値を語り、「道は一つではない」という気概を示すからこそ、中野の実践は人の心に響くのである。

また、中野自身も子どもに「救われて」いる、あるいは「応答」されている、と私は解釈したい。廊下を歩く姿が「切なくなる程に暗く、顔の表情はきつい」女子と中野が会話の糸口をつかみ始めたころの話である。彼女と「花談義」が始まったとき、女子はこう問い出した。「私を花にたとえると何?」中野はドキッとした。「あのさ、リカの初めての先生に対する質問だから一日待ってくれない?」(一二三頁以下)

花は中野の「得意分野」のはずである。中野は瞬時に応答することも可能だっただろう。しかし、ここが勝負所だ、得意技を出せる以上最高の結果を期待したい、だからこそていねいに対応したい。こんなふうに中野は考えたのではないか、と私は強引に推測したい。勝負事という不釣り合いな例えをひいてまで私が言いたいのは、中野は、自分の好きなことを活かすことで他人に役立つという幸福な体験を、子どもと出会うことによって体験できたという理屈なのである。この体験は、教師にとっても子どもにとっても「救い」なのではないか。

教師が子どもの応答に「救われる」、あるいは教師というしごとに「救われる」という話は、だれにでもあてはまる可能性があると、私は主張したいのである。そのためにも中野の実践の「形を模倣する」のではなく、中野の「思想を辿っていく」作業が必要なのだ、と言いたい。中野のように「農」というこだわりがなくても、たとえば遊び、得意な単元、SNS、「ほめる」こと、などそれぞれのやり方に応じて、どんな教師でも子どもから支持され・応答される可能性をもっている。

そんな資源はないという反論に対しては、以下のように応えたい。若さという「権威」、年配者の「円熟」などが子どもと接するときの資源となるではないか。あるいは、こう答えてもよい。教育実践とは、豊かな少年期という〈財産〉をもっている教師が、その財産を子どもに与えるという関係ではない。たとえば、教師は〈過剰適応の子どもの今〉を鏡として〈かつての自分〉に出会い、そのときに獲得できなかった「子ども時代」を目の前の子どもとつきあうことで「生きなおす」ことも可能なのではないか。

最初に「農」の実践は批評しづらいと告白したのだが、教師というしごとはどこかで「自分のために」やれているという感触もつことが、「高度な平凡性」(臨床医学からの示唆、たとえば中井久夫、斎藤環)を内在させる教育実践を継続する活力になる、とまとめたい。

編集後記

今号の特集「〈権利行使の主体としての子ども〉が育つ学校へ」は昨年の夏の福島大会で出されたテーマをもとに、編み出されました。貧富の格差が全国的に広がっているなかで、福島は原発の事故により故郷を失い、今なお避難生活を余儀なくされています。政府は被災者の困窮した生活には背を向け、形ばかりの除染作業や、基準値の引き下げで、いかにも不十分な態度を見せています。東京電力と結託して被災者に対し、「帰還」か「自主避難」かの選択をさせ、いかにも被災者本人の「自己責任」であるかのように装っています。こうした地域のなかで生きている現実を打開するために、応答する主権者を育てる教育をさらに進めたいという福島の方々の大会基調を受けて、特集は組まれました。

今号では生きる権利を自覚し、それを行使する子どもを大切にする学校に変えようという願いにこたえて実践記録も掲載しました。

「教育を考える言葉」では全国的な上映運動がされているドキュメンタリー『みんなの学校』の校長の木村康子さんが「『指導』という言葉は『暴力』という言葉に変わることがある」というタイトルで寄稿してくださいました。たくさんの困難な課題を背負った中学生が三日間何も食べずに四日目にコンビニでおにぎりひとつ盗んだ事例をあげながら、教育とは何か、指導するとは何を内実にして行うのかといったことを述べてくださっています。その彼が生徒指導の教師に暴力を受け、不登校になってしまいます。そばにいながらそれを止められなかった担任の若い教師を思い、傷つけまいとその中学生は学校に行けなくなるという内容です。思わず胸をつかれるような話です。こういう子どもを守り育てる学校こそ求められているのだと思います。

今年度最後の号となりました。六年間キャデックの方々にお世話になりましたが、次号から新しい会社にお願いすることになっています。キャデックの方々のていねいな作業と休暇返上でのご尽力の数々に大変感謝しています。また新しい編集方針で紙面づくりを進めていきたいと思います。

（北嶋　節子）

次号予告▶『生活指導』2018年4/5月号

特集 **学級づくりのスタート**
——ゆるやかに、しなやかに子どもたちと向き合う

●実践構想…8

〈特集外企画〉
○教育を考える言葉
○福島との対話
○研究の広場
○イメ・トレ集団づくり
○読書案内
ほか

生活指導 二/三月号 [No.736]
二〇一八年二月一日発行

●…編集 全国生活指導研究協議会編集委員会
●…発行 全国生活指導研究協議会
〒一一三—〇〇三四
東京都文京区湯島三丁目二〇—九
「ニューハイツ湯島」七〇五号室
http://zenseiken.web.fc2.com/
●…発売 株式会社高文研
〒一〇一—〇〇六四
東京都千代田区猿楽町二丁目一—八
電話 〇三—三二九五—三四一五
http://www.koubunken.co.jp/
デザイン・DTP 株式会社キャデック
印刷・製本 モリモト印刷株式会社

*個人情報保護のため、実践記録に登場する子どもはすべて仮名です